유학 · 불학 · 프로테스탄티즘의
한국특수교육론

김병하(金炳廈)

한국특수교육문제연구소

머리말

이 책은 「한국특수교육론: 우리나라 특수교육(학)의 정체성」(2011)의 후속편 이랄 수 있다. 저자는 '한국특수교육론'이라는 이름의 저서를 어떤 형태로든 남기고 싶었다. 그러나 첫 술에 배부를 수 없듯이, 뭔가 아쉬움이 찐했다. '한국'이라는 고유명에 걸 맞는 내용이 얼마나 제대로 반영되었는가 하는 점에서 그랬다. 그래서 저자는 한국특수교육론의 '뿌리'를 찾는 일에 좀 더 체계적으로 집중해 보고 싶었다. 이런 의도에서 나는 정년하면서 바로 이 책의 저술에 임했다.

이 책은 제목에서 보는 것처럼 먼저 유학-불학-프로테스탄티즘 각각이 한국특수교육론의 뿌리로서 어떤 함의를 가지는가를 살펴보았다. 유학은 한국교육의 이념과 내용을 함께 지배해온 전통을 지니지만, 특수교육론적 측면에서 그 직접적인 기여나 연관을 찾기는 어렵다. 그러나 유학이 한국특수교육의 실천에 직접 기여한 흔적을 찾기 어렵다고 해서 이론적 수준에서 그 함의나 연관을 포기해야할 이유로는 결코 정당화될 수 없다. 오히려 우리가 그 이론적 가르침을 간과했기에 여태 실천의 꽃을 피우지 못한지도 모른다.

그런 측면에서 보면 불학도 마찬가지다. 그러나 불학은 유학에 비해 훨씬 감동적인 수준에서 장애인의 문제와 특수교육론적 함의를 우리들에게 시사해 준다. 다만 지금까지 우리가 너무 과학적인 논리나 증거에 의존해서 장애와 특수교육을 보려고 한 나머지 불학의 형이상학적 함의를 외면해 왔을 뿐이다. 불학은 '마음 안'의 문제를 중시한다. 우리가 장애인을 위해 실천적 공덕을 쌓는 것도 퍽 긴요하지만 '마음 안의 문제'로서 장애와 특수교육을 정립하는 것은 전자의 실천적 공덕에 비할 수 없이 값진 것임을 일깨워 준다.

위의 유학이나 불학에 비해 우리나라에서 프로테스탄티즘의 도래는 곧 근대특수교육의 성립·보급과 그 궤를 같이한다. 그만큼 프로테스탄티즘은 '박애'의 실천으로 이 땅에 근대특수교육의 씨앗을 뿌려 그 열매를 풍성하게 거두었다. 그래서 프로테스탄티즘은 이 땅에서 특수교육 실천의 견인차가 되었다. 그리 된 것은 애초에 프로테스탄트의 선교정책과 밀접한 관련이 있지만, 이 땅에서 프로테스탄티즘은 근대서구문명을 이식한 도관(導管) 구실을 했다. 서구의 근대화가 가져온 과학의 산물로서 그들의 특수교육 담론이 지금까지 한국특수교육론을 이런저런 모습으로 지배해 왔다고 해도 과언이 아니다.

지금은 다중 근대성(multi-modernity)의 시대다. 즉 유럽의 근대성, 북미의 근대성, 동아시아의 근대성이 공존하는 시대다. 우리는 '동아시아문명론'의 기반 위에서 한국특수교육 담론을 생성해 내야한다. 그래야 세계 속의 한국특수교육론 정체성이 분명히 드러난다. 이런 문제의식에서 저자는 유학-불학-프로테스탄티즘을 가로지르는 회통(會通)의 한국특수교육론을 정립하는 데에 관심이 모아진다. 최근 '통섭'(通攝)의 학문론이 강조되고 있지만, 우리나라는 7세기 무렵 원효에서 19세기 중엽 수운 최제우에 이르기까지 사상과 종교의 '회통론'이 하나의 맥을 형성해 왔다. 지금 우리는 그 맥을 찾아 살려 내야 한다.

필자는 '인간학'으로서 한국특수교육론을 정립코자한다. 유학의 천명(天命)에 따른 성론(性論)의 정립, 불학의 견성(見性)하면 누구나 부처가 된다(成佛)는 입장은 인간학으로서 한국특수교육론의 뿌리(體)다. 그 뿌리에 프로테스탄티즘의 약자를 향한 공의(公義)는 한국특수교육 실천의 동력이 되었다. 그 위에 법제도적 지원과 특수교육(학)인의 공적 헌신으로서 한국특수교육의 줄기가 뻗어나야 한다. 거기에 한국특수교육론의 정체성이 드러날 게다. 그 날을 고대한다. 책 말미의 <붙임 글>은 필자의 정년기념 세미나(2012.08.)에서 발표한 것이어서 그 내용이 본문과 중복되는 부분이 있으나, 거듭 강조하는 의미에서 그냥 두었다.

이 책이 출판되기까지 여러 사람의 지원과 도움이 있었다. 우선 이 책을 한국특수교육문제연구소 이름으로 간행하는 데에 흔쾌히 공감해준 김용욱 소장과 운영진에 고마움을 표한다. 특히 홍성 풀무농업기술학교 교장을 역임하시고 현재 홍동 밝맑도서관장이신 홍순명 선생님께서 바쁘신 중에도 나의 원고를 읽으시고 격려와 귀한 조언까지 주셨다. 그리고 강창욱 교수와 홍정숙 교수도 원고를 읽고 나를 격려해 주었다. 이 책의 초벌원고 교정을 봐준 이정옥 박사는 책이 미처 출판되기도 전에 하늘나라로 갔다. 다시 한 번 명복을 빈다. 끝으로 책을 아름답게 꾸며준 도서출판 해동인쇄소, 그리고 연구소 도성화 박사에게 고마움을 전한다.

2013년 2월
경산에서 저자 씀

목차

1. 서론: 문제제기

한국특수교육을 지탱하는 뿌리(즉, 體用의 體)는 무엇인가? 그리고 그것은 어떻게 실재(實在)하는가를 밝혀 보자는 것이 이 저술의 취지다. 저자는 한국 특수교육(학)의 정체성 정립을 위한 개설(槪說)로서 「한국특수교육론」(2011)[1]을 펴냈다. 그 후 한국특수교육의 뿌리를 좀 더 체계적으로 파헤쳐 봄으로써, '한국특수교육론'의 실재를 드러내야겠다는 후속작업을 떠올리게 되었다. 떠오를 때 붙잡자는 일종의 절박감에서 이 책은 기필(起筆)된다.

한국사상과 특수교육

'한국특수교육론'의 뿌리는 한국사상과 맞닿아 있을 수밖에 없다. 일찍이 박종홍(朴鍾鴻; 1972)은 불교사상편을 중심으로 「한국사상사」[2]를 저술했다. 이 책의 서론 첫 문단에서 그는 이렇게 적고 있다. "우리는 한국 사람이다. 우리는 한국 사상을 문제삼기 전에 이미 한국 사람으로서 살고 있다. 한국 사람이 한국

---

1) 김병하 (2011). **한국특수교육론: 우리나라 특수교육(학)의 정체성**. 경북: 대구대학교 출판부.

2) 박종홍 (1972, 1999). **한국사상사**. 서울: 서문당.

사람으로서 사는 데서 한국 사상도 생겨났으며 또 문제 삼게도 된 것이다"(박종홍, 1972, p.9). 그렇다. 우리가 한국 사람으로 살고 있는 동안 한국 사상은 우리 몸의 핏줄처럼 흐르고 있다. 그 핏줄의 성분을 필자는 유학, 불학, 그리고 프로테스탄티즘의 세 갈래로 나눠 분석해 보고, 동시에 그들이 어떻게 무리 없이 회통(會通) · 융합(融合)되고 있는가를 밝히고자 한다. 물론 그 초점은 이 땅에서 살아온 장애인의 삶 속에 그것들이 어떻게 연관 · 반영되었는가를 밝히는 데에 있다.

현상윤(玄相允; 1949)은 「조선사상사」(이형성, 2010)[3]에서 조선사상과 그 구성요소를 다음과 같이 기술하고 있다.

> 조선사상은 단순히 조선 고유의 사상만으로 성립된 것이 아니다. 여러 가지 사상이 복합되어 성립되어 있다고 볼 수 있다. 그 구성요소로는 조선 고유의 사상 이외에 중국사상 · 인도사상과 서양사상의 여러 종류를 거론할 수 있다. 즉 상고시대에는 조선 사람이 조선고유의 사상만을 가지고 모든 생활과 활동을 했다. 그러나 그 후 역사가 진전함에 따라 중국의 유교사상 · 도교사상과 인도의 불교사상이 흘러들어 왔다. 또 최근에 와서는 서양의 기독교사상을 중심으로 한 제반 사상이 전래하여, 조선사상은 이상 네 종류의 사상이 그 구성요소로 되어 있다고 볼 수 있다. 그리하여 어느 시대에는 그 중 한 요소만이, 또 어느 시대에는 두 요소 혹 세 요소가 합쳐져 모든 사람의 생활과 활동을 지도하였다(이형성, 2010, p.20).

이상에서 현상윤은 조선사상의 구성요소를 네 갈래로 제기하고 있다.[4] 그의 「조선사상사」를 개관해 보면, 그는 조선 고유의

---

3) 이형성 교주 (2010). **현상윤의 조선사상사**. 서울: 심산출판사.

4) 현상윤은 그의 「조선사상사」 서문에서 이런 네 갈래에 따른 서술 방식을 이렇게 적고 있다.

「사상사를 쓰는 데 있어서 두 개의 사실을 발견할 수 있으니, 일(一)은 쓰는 그 역사가 주마등처럼 시대사상이 오고 가는 사실을 적은 단순한 기사적 기록이

사상으로 신도(神道)사상 혹은 풍류도(風流道)를, 그리고 유교사상, 불교사상, 기독교사상 등 모두 네 갈래의 사상을 들고 있다. 그리고 이들 사상이 어느 시대에는 한 사상만이 지배를 한 적도 있으나, 또 어느 시대에는 두 세 갈래의 사상 요소가 합쳐져 있다고 했다. 그러나 상고 시대 우리의 고유사상으로 일컬어지는 '풍류도'(風流道)에는 유·불·도(선) 삼교(三敎)가 융합되어 있다. 필자가 보기에 지금의 한국사상은 유학, 불학, 프로테스탄티즘이 솥발처럼 각각의 독자적인 요소를 유지하면서 서로 회통(會通)·융합(融合)되는 독특한 양상을 보이고 있다.

유학의 원조는 공자고, 불학의 원조는 붓다이고, 프로테스탄티즘의 원조는 예수다. 종교로서 불교와 기독교는 우리나라에서 절묘하게 황금분할을 유지하고 있다. 유교는 이즈음의 초라한 유림(儒林) 세력 판도와 관계없이 우리의 삶 속에 이미 녹아 있다. 혹자는 공자가 죽어야 나라가 산다고 하지만, 내가 보기에 한국의 공자를 구성하지 못한 채 단지 '공자의 한국'을 우려하는 푸념이 아닌가 싶다. 혹자는 우리에게 「붓다를 죽인 부처」(박노자, 2011)[5]를 경계한다. 이는 붓다의 근본 가르침을 외면한 채 우리들 편의에 따라 부처 섬기기를 일삼는 죽은 불교에 대한 힐책

되는 일이요, 이(二)는 비록 사상이 변천할지라도 항상 사상의 주체가 되는 인민(人民)은 그 잔존물을 섭취하여 새 근육과 새 골격을 만들어 무형무취(無形無臭)한 가운데서 어떤 개념이 생장 발달하는 것을 적은 어떤 전통에 대한 기록이 되는 일이다. 그런데 나는 이 「조선사상사」를 쓸 때 단순히 전자만을 목표로 하지 아니하고 될 수 있는 대로는 후자의 그 무엇을 발견하고 붙잡으려고 하였다. 즉 신도사상(神道思想)이 쇠(衰)하자 불교가 들어오고 도교가 들어오며 유교가 행(行)하고 또 그것이 쇠(衰)하자 기독교가 들어왔다는 것을 번갈아 소개하고 기술하는 것만이 나의 목표가 아니요, 될 수 있는 대로 이 여러 사상이 소개되고 유행하는 동안에 이것을 저작(詛嚼)하고 소화하며 흡수, 섭취하여 새 피와 새 살을 만든 조선 사람의 전통적 개념을 발견하고 붙잡으려 하는 것이 나의 희망이었다.」(이형성, 2010, pp.9-10)

5) 박노자 (2011). **붓다를 죽인 부처**. 서울: 인물과 사상사.

이다. 가난한 이웃을 위해 십자가를 지는 대신 철탑 쌓기에 급급한 교회가 늘어날수록 가난한 민중의 원망 소리 더 높다. 이 모두가 필자가 보기에 공자의 잘못도 아니고, 붓다의 잘못도 아니고, 예수의 잘못도 아니다. 그들의 이름으로 우리 스스로가 지은 업보(業報)에 다름 아니다. 그래서 최선의 것이 타락하면 최악이 된다는 말이 있다.

필자가 여기서 유교 대신에 유학을, 불교 대신에 불학을, 그리고 기독교 대신에 프로테스탄티즘을 말하는 것은 특히 다음 두 측면을 강조하기 위함이다. 즉, 그 하나는 이들을 단지 종교적 차원에서 논의하는 것을 넘어서기 위함이다. 특히 으뜸 되는 가르침으로서 종교(宗敎)가 가르쳐 길러내는 교육(敎育)과 의미있게 연관되는 '심층종교'에 주목하고자 한다. 말하자면 의례(儀禮)로서의 표층종교를 가능하면 배제하고, 그 종교가 지향하는 심층의 궁극 가르침을 드러내기 위함이다. 다른 하나는 그렇게 함으로써 한국사상사라는 큰 맥락에서 한국특수교육론의 뿌리를 견고히 정립하고자 한다. 이렇게 함으로써 우리나라의 특수교육은 단지 프로테스탄티즘의 도래에 따른 부산물이 아닐뿐더러, 장애(disabilities)를 질병처럼 치료하려 드는 대증요법에 급급하는 기법(技法)이 결코 아니라는 것을 강조하기 위함이다.

인간학으로서의 한국특수교육론

한국교육의 주체적 역사성을 강조하여 마지않은 이만규(李萬珪; 1946)는 광복 직후 혼란 속에 집필한 「조선교육사」[6])서문에서 이렇게 적고 있다.

> 한국인은 사람의 신격(神格)인 하늘과 물격(物格)인 땅에 대립시켜 신(神)도 물(物)도 아닌 '사람'은 사람대로 '사람'이라 하고 우주는 하늘, 사람, 땅(소위 天地人)의 3위(三位)로 성립되었다고 생각하였다. 그러므로 한국인의 철학은 알 수 없는 우주현상을 '이'(理)라 하였을 뿐이며, 기독교와 같은 인격적 신이나 불교와 같은 영의 별천지를 찾지 아니하였고, ... (이만규, 2010, p.8).

이처럼 천지인(天地人)의 삼위 일체 속에 '사람'의 위상을 설정한 것은 알게 모르게 동아시아문명론의 굴레에서 한국의 문명을 정립하고자 한 의도가 짙게 깔려 있음을 감지하게 된다. 이런 관점에서 이만규(李萬珪)는 한국의 문명을 '농경문명'으로 규정하여, 인도의 삼림문명이나 서구의 벽돌문명과 차별화 하였다. 그는 우리가 일군 전형적인 문명을 "들에서 갈고 심고 거름을 주는 사람의 힘과 나고 자라고 열매 맺는 자연의 힘이 협조하여 성취하는 문명"으로 규정했다. 이런 농경문명의 일상과 더불어 생긴 것이 우리의 윤리와 도덕이라면서, 우리가 추구한 학문은 "종교적 신학도 아니요 과학적인 기계학도 아님"을 강조했다. 바로 이런 문제의식에서 그는 '인간학'을 내세우고 있다.

그래서 "이 인간학을 배우고 가르친 것이 옛 교육 편에 실린 우리의 교육"이라고 했다. 그에 의하면, 한국교육은 '인간학'으로

---

6) 이만규 (1946, 2010). **조선교육사**. 서울: 도서출판 살림터.

서의 교육학이다. 오늘날 회자되는 '과학'으로서의 교육과 교육학을 뛰어 넘는 인문학적 혜안이 돋보인다. 필자는 한국특수교육론 역시 이 인간학의 굴레에서 정립될 수 있고, 당연히 그래야 한다고 본다. 그런데 21세기 산업문명과 정보문명이 혼재(混在)하는 상황에서 '인간학'으로서 한국특수교육은 어떻게 정립될 수 있는가? 그리고 전통적 농경문명을 배경으로 한 인간학과 한국특수교육론은 어떻게 연관되는가? 아마 이런 것들이 이 저술에서 좀 더 체계적으로 논의되어야 할 과제가 될 것이다.

'인간학'으로서의 유학, 불학, 그리고 프로테스탄티즘이 이 땅에 장애인의 삶과 교육에 어떻게 녹아 있는가를 밝히는 것이 이 저술의 목적이다. 필자가 보기에 유학은 인(仁)을 기저로 한 인간학이고 불학은 자비(慈悲)에 바탕을 둔 인간학이라면, 프로테스탄티즘은 박애(博愛)의 실천을 강조하는 인간학이다. 그리고 유학의 인(仁) – 불학의 자비(慈悲) – 프로테스탄티즘의 박애(博愛)를 가로질러 회통(會通)하는 한국특수교육론의 실체가 무엇인가를 밝혀야 한다. 이렇게 함으로써 한국특수교육론이 구미(歐美)의 특수교육 담론과 어떻게 차별화되면서 동시에 세계 특수교육 담론의 보편성에 기여하는 길을 찾아 닦고자하는 것이 이 저서가 의도하는 궁극 목적이다.

2. 유학(儒學)의 한국특수교육론

우리나라에서 유학은 교육사의 성립과 그 궤를 같이한다. 현상윤(玄相允; 1948, 1982)은 그의 「조선유학사」[7]에서 우리나라에서 유학의 기원을 일종의 유교대학인 국학(혹은 국자학)의 설립으로부터 잡는다. 그래서 고구려 소수림왕(小獸林王) 2년(372년)에 태학(太學)을 세워 나라에 필요한 인재를 교육한 시기에 주목한다. 마찬가지로 이기백(李基白) 교수도 "고구려 태학의 설립을 한국 유교(학)의 기원으로 보는 하나의 기준으로 생각해도 좋다"고 했다. 한편, 김충열(金忠烈; 1998)[8]은 「한국유학사」에서 '유교'와 '유학'을 시간적인 선후 관계로 연결하여 유교의 전래기가 있은 다음에 유학의 수용기가 이어졌다고 본다. 그래서 우리나라에 유교의 전래는 기원전 4세기경까지 올려 잡을 수 있으며, 그 유교가 경학으로 자리 잡은 유학의 수용 기점은 삼한시대이지만 그 전개는 삼국시대에 접어들어야 뚜렷해진다고 했다.

7) 현상윤 (1948, 1982). **조선유학사**. 서울: 현암사.
8) 김충열 (1998). **한국유학사(1)**. 서울: 예문서원.

유학의 학풍과 풍류도

고구려의 유학은 한학(漢學)의 과정을 거쳐 태학(太學)에서는 오경(五經, 즉 詩經, 書經, 周易, 春秋, 禮記)과 삼사(三史, 즉 史記, 漢書, 後漢書)를 강독하였다. 이로써 고구려의 학문이 경학, 사학, 문학의 세 방면(소위 文史哲)을 고루 갖추게 되었고, 비록 궁벽한 시골일지라도 서당(書堂: 이것은 '扃堂'을 지칭하는 것임)을 설치하여 자제들을 교육시키는 일을 게을리 하지 않았다고 한다(김충열, 1998). 게다가 고구려 후반 300여 년 동안에는 심오한 이론을 지닌 대승불교의 불학을 소화해 낼 수 있었고, 도교(道敎)를 받아들여 노자(老子)의 「도덕경」(道德經)을 강론할 정도였다. 김충열(1998)은 고구려가 불교와 도교를 받아들이는 데에 어려움을 겪지 않았을 뿐만 아니라 오히려 그것을 흡수하여 승화시킬 수 있었던 바탕에는 일찍이 유학을 배우고 닦은 과정에서 축적한 역량이 깔려 있었기 때문으로 본다.

고구려가 중심이 된 삼국시대 유학의 학풍을 현상윤(玄相允)은 '통경명사'(通經明史)와 '사장'(詞章)으로 요약하였다. 즉, 당시 유학의 목표는 경전과 역사를 익히고 문장을 능하게 하는데 있었다. 이것은 중국으로부터의 직접적인 영향이 컸고, 학풍 자체가 귀족 관료적인 면이 강했다. 그러나 상고(上古)시대부터 우리나라는 우리의 고유한 현묘한 도(道)를 '풍류도'(風流道)라 일컬었다. 신채호(申采浩; 1880-1936)는 「조선상식문답」에서 "화랑은 본래 상고(上古) 소도제단(蘇塗祭壇)의 무사 곧 그 때에 '선비'라 칭하던 자인데, 고구려에서는 낭의선인(浪衣仙人)이라 하고 신라에서는 예쁜 얼굴을 가진 화랑이라 하였다"(박기봉, 2007)[9]고 했다. 또 김충열(1998)은 화랑도의 본래 명칭은 '풍월도'

(風月道) 또는 '풍류도'(風流道)로서, 이는 인재교육을 위한 방법으로 채택된 것이라 했다. 일찍이(9세기) 최치원(崔致遠; 857-?)은 화랑 난랑비(鸞郎碑) 서문에 이렇게 적었다.

> 우리나라에는 깊고 오묘한 도가 있으니, 이를 풍류(風流)라 한다. 설교의 근원이 선사에 상세히 실려 있거니와 실로 이는 삼교(三敎)를 포함한 것이요, 모든 민중과 접하여서는 이를 교화하였다.(國有玄妙之道 曰風流, 說敎之源 備詳仙史, 實乃包含三敎, 接化群生, 「삼국사기」, 신라본기 , 진흥왕; 유동식, 1997, p.55에서 재인용)

이처럼 최치원은 우리나라 고유한 도(道)로서 민족적 영성을 '풍류도'라 했다. 이것은 실로 유교, 불교, 도교 등 삼교(三敎)의 종지를 다 포함한 것이며, 모든 사람들을 교화하여 사람다운 사람이 되게 하는 것이라 했다. 유동식(柳東植; 1997)은 「풍류도와 한국의 종교사상」[10]에서 이 풍류도는 유 · 불 · 선 삼교가 도입되기 이전부터 있었던 우리의 고유한 민족적 영성(靈性)이라 했다. 그리고 이것은 삼교의 근본 진리를 이미 내포하고 있는 실로 '현묘한 도'라 했다. 필자가 보기에 고래로 우리나라에서 유 · 불 · 도의 삼교(三敎)를 포섭 회통한 것이 '풍류도'(風流道)이고, 이것이 역사적으로 제도화된 것이 신라의 '화랑도'(花郎道) 혹은 '화랑도'(花郎徒)이다.

고대사회에서 북방의 고구려는 중국문화를 수용하는데 적극적인 반면에 다소의 시행착오와 혼란을 빚었다. 남방의 신라는 고구려에 비해 뒤늦은 감이 있었지만 삼교(三敎)를 무리 없이 회통한 신라의 화랑도는 주목할 만하다.[11] 김충열(金忠烈; 1998)

9) 박기봉 옮김 (2007). **丹齋 申采浩의 조선상고문화사(외)**. 서울: 비봉출판사.
10) 류동식 (1997). **풍류도와 한국의 종교사상**. 서울: 연세대학교 출판부.
11) 이만규는 '화랑오계'에 유 · 불 · 도 삼교가 반영된 것을 이렇게 설명하고 있다.

은 화랑오계(花郞五戒)의 사상적 배경을 삼교(三敎)의 조화에 두고, 이 화랑오계가 창조될 수 있었던 것은 그 밑바탕에 이를 주체적으로 수용해 낼 수 있을 정도로 축적된 우리의 고유사상이 있었기 때문이라고 보아 이렇게 주장한다.

> 필자는 최치원이 지은 '난랑비서'(鸞郞碑序)의 내용이 이러한 사실을 입증해 주는 근거라고 여긴다. 예를 들어 '난랑비서'의 내용을 음식의 섭취와 소화과정으로 설명하자면, '현묘한 도'는 체(體) 즉 소화기관이라 할 수 있고, '삼교'는 음식물이라 할 수 있다. 음식을 먹고 잘 소화해 낸 결과 그 양분이 피와 살로 흡수되었을 때, 음식물은 이미 나와 다른 것이 아니다. 그러므로 신라에 의해 소화 흡수된 삼교사상은 비록 중국에서 들어온 것이라 할지라도 이미 그것은 '우리 민족'의 사상이다(김충열, 1998, p.139).

이런 측면에서 우리 민족의 영성과 사상의 전통에 상당한 자부심을 느낀다. 그렇다면 이런 '현묘한 도'가 당대 장애인의 삶에 어떻게 작용하였을까? 사상의 실재가 당대 장애인의 삶에 어떤 의미연관을 갖는가? 설명하기가 쉽지 않다. 그러나 필자는 두 측면에서 그 설명을 이끌어 내고자 한다. 그 하나는 기록에 나타난 사료(史料)에 의거한 설명이다. 사료 그 자체는 객관적 기술이지만, 어떤 사료를 가지고 어떻게 해석할 것인가는 필자의 몫이다.

"들면 집에서 효(孝)하고 나가면 나라에 충(忠)하자는 공자의 가르침과, 권리를 찾지 말고 할 일을 하고 이론을 캐지 말고 갈 길을 걷자는 노자의 가르침과, 악이면 무엇이나 짓지 말고 선이면 무엇이나 행하자는 석가의 가르침이 모두 화랑도에 포함되었다."(이만규, 2010, p.87)

한국역사 속의 장애인

정창권(2011)은 사료와 함께 읽는 우리나라 장애인 역사로 「역사 속 장애인은 어떻게 살았을까」[12]를 펴냈다. 이 책은 고대 삼국에서 통일신라, 고려, 조선조 말까지 2000여 년의 한국사, 그리고 역사와 문화, 회화, 음악, 법률, 풍속 등에 나타난 장애인 관련 기록들을 가능한 한 두루 수집하여 정리해 놓은 것이다. 저자는 서문에서 이렇게 적고 있다.

> 이로써 전근대 시대에 장애란 과연 무엇이었는지, 장애인 복지정책이나 단체는 어떠했는지, 각 유형별로 장애인들은 어떻게 살아왔는지, 장애인의 직업이나 관직은 어떤 것들이 있었는지, 왕족이나 여성 등 특수한 상황에 놓인 장애인의 삶은 어떠했는지, 유명한 장애 인물로는 누가 있었는지, 장애인 예술가의 세계는 어떠했는지 등을 차례대로 살펴본 것이다(정창권, 2011, p.17).

이처럼 저자가 문화콘텐츠 개발의 하나로 역사 속의 장애인 이야기를 사료에 의거해 정리한 것은 우리 특수교육학계를 위한 소중한 글 보시(布施)다. 이 저술에 앞서 정창권(2005)은 「세상에 버릴 사람은 아무도 없다」는 제목으로 우리 역사 속 장애인 이야기를 펴 내 주목을 끌었다.

기록에 의하면, 고려시대 왕들이 한과고독(鰥寡孤獨; 즉 홀아비, 과부, 고아, 자식 없는 늙은이), 독질 · 폐질자(篤廢疾者) 등에게 잔치를 베풀고 물건을 하사하되 차등 있게 하였다고 한다. 전근대사회에서는 오늘의 '장애'를 독질(篤疾), 잔질(殘疾), 폐질(廢疾)이라 불렀는데, 당시에는 장애인을 흔히 '폐질자'(廢疾者)

---

12) 정창권 (2011). **역사 속 장애인은 어떻게 살았을까**. 서울: 글항아리.

로 기록했다. 장애인은 몹쓸 질병을 가진 사람쯤으로 인식됐던 것 같다. 정신질환을 포함한 정서·행동장애는 '심질'(心疾)이라 표기했다. '장애'를 지칭하는 표기에 지독한 편견이 반영된 듯하지만, 실제 생활 장면에서 장애인 인식과 처우에서는 가족부양 원칙과 더불어 마을공동체에서 함께하는 미풍양속이 이어져 왔다. 이런 일련의 역사인식에서 정창권(2005)[13]은 거꾸로 흐르는 장애인 역사를 지적하고 있다.

> 우리는 흔히 전통시대 장애인의 삶과 사회적 인식은 현대에 비해 훨씬 열악했다고 말한다. 아니, 현대의 장애 문제는 멀리 고대로부터 비롯되었다고 말하기조차 한다. 하지만 그것은 한국 장애인사에 대한 왜곡된 인식일 뿐, 실제로 장애인의 삶과 사회적 인식은 조선 후기와 근·현대를 거치면서 오히려 후퇴한 감이 있다(정창권, 2005, p.191).

과연 그런가? 맞기도 하고 틀리기도 하다. 장애와 장애인에 대한 해학적(諧謔的) 태도라든지 공동체적 이웃으로서의 격의 없는 소통과 이해 면에서는 전통시대가 더 인간적이고 호혜적이었다고 본다. 최근 도올 김용옥(2012)[14]은 "역사는 '고중근'(古中近)이 아니다"고 했다. 즉 역사에 고대와 중세와 근대가 있을 수 없다는 것을 의미한다. 도올은 이렇게 말한다.

> 우선 역사를 일직선으로 본다는 것은 유치무쌍한 어린아이들의 장난에 불과하다. 서양인들의 단순사고를 반영하는 것이다. 역사가 아무리 거시적으로 보면 비가역적으로 진행한다 할지라도 빨리 가는 부분도 있고 늦게 가는 부분도 있고 앞으로 가기도 하지만 거꾸로 퇴보하는 부분도 있고, 고대적인 분위기도 있는가 하면 현대적인 분위기도 있고, 도무지 그 시간성의 착종은 무궁무진한 것이다. 모든 역사의 시

13) 정창권 (2005). **세상에 버릴 사람은 아무도 없다**. 서울: 문학동네.
14) 김용옥 (2012). **사랑하지 말자**. 서울: 통나무.

간의 질점이 균일하게 한 방향으로 진행한다는 생각은 역사를 바라보는 시점이 공간화되어 있고 기하학화되어 있으며 관념화되어 있다는 것을 의미한다. 천문학자가 밤하늘을 바라볼 때 무수히 다양한 광년의 정보가 한 공간에 펼쳐져 있듯이, 역사에 있어서는 공간과 시간이 일치하는 법이 없다. 무수한 시간과 공간이 교직(交織)되어 있는 것이다 (김용옥, 2012, p.59).

길게 보면 전체 역사는 어쨌거나 좋은 쪽으로 진보하는 것처럼 보이지만, 국부적으로 혹은 심층의 내면에서 보면 퇴보하는 면도 적지 않다. 그리고 도올의 말처럼 고(古) · 중(中) · 근(近)의 역사가 '직선사관'(直線史觀)의 대표적인 유형임을 알아야 한다.

유학사상과 장애인: 교육가능성과 필요성

이제 필자는 유학사상의 실재에 비추어 장애와 장애인에 대한 관점을 논의해 보고자 한다. 이것은 유학의 본질에 비추어 장애와 장애인을 재조명해 보기 위함이다. 「중용」 1장 첫 구절의 **天命之謂性**은 인간의 본질과 본성이 무엇인가를 함축적이면서도 극명하게 제시해 주고 있다. "하늘이 명령하는 것이 이른바 인간의 성(性)"이라는 이 본래성(本來性; 즉, human nature)은 하늘의 지엄한 명령으로 모든 인간에게 품부(稟賦)된 것이다. 따라서 장애가 아무리 무겁고 심하더라도 한 인간으로서 장애인은 결코 예외적(exceptional) 존재가 아니다. 이런 바탕에서 우리는 장애(disabilities)와 장애인을 이해해야 한다. 따라서 '장애'는 차별과 배제를 위한 기준이 아니라, 하나의 독특한 '개성'으로 수용(inclusion)되어야 한다.

이런 바탕에서 공자는 **유교무류(有教無類)**라 해서, 교육에는 그 부류가 따로 없다고 했다. 이 말은 인간교육 가능성에 대한 무한한 믿음이자 예찬이다. 실제로 타이완의 지적장애 특수학교에 들어서면 '有教無類'라는 문구가 석조에 커다랗게 새겨져 있다. 그러나 중국에서는 물론 우리나라에서 공자의 이 가르침을 실천하기까지 너무 많은 세월을 보냈다. 다행히 20세기에 이르러 그 실천의 뚜껑은 열었지만 여전히 많은 난제(難題)를 안고 있다. 그러고 보면 우리는 진작부터 '온고지신'(溫故知新)을 스스로 망각했거나 폐기하고 말았다. 지금은 '원시반본'(原始返本)으로 돌아가 우리 스스로를 성찰해 볼 때다.

현상윤(1946, 1982)은 조선 유학이 우리에게 미친 공과(功過)를 논하여, 그 공(功)으로 군자학(君子學)의 장려, 인륜도덕의 숭상, 청렴절의의 존중 등 세 가지를 든다. 반면에 그 죄(罪)가 될 만한 것으로 모화(慕華)사상, 당쟁, 가족주의의 폐해, 계급사상, 문약(文弱), 산업능력의 저하, 상명(常名)주의, 복고사상 등에 이르기까지 무려 여덟을 들고 있다. 그 만큼 그 공에 비해 죄가 많다는 것을 의미한다. 과연 이 모두가 유학의 죄인가? 나는 그리 보지 않는다. 그것은 유학 자체 때문이라기보다 '조선의 유학'이 저지른 잘못이다. 즉, 그것은 유학을 수용, 해석, 운용하는 우리 자신의 탓이지 근본적으로 유학 원래의 죄가 아니다. 그래서 지금 우리에게 한국특수교육론 정립을 위해 유학사상에 기반한 '溫故知新'이 참으로 절실한 때이다.

필자는 「한국특수교육론」(2011)에서 한국특수교육론의 정체성 정립을 위한 방법론적 원리로 다음 세 갈래를 제기하였다.

(1) **실사구시(實事求是)**의 한국특수교육론
(2) **화이부동(和而不同)**의 한국특수교육론
(3) **온고지신(溫故知新)**의 한국특수교육론 정립 등이다.

즉, 우리나라의 역사적 현실에 천착한 특수교육론을 정립하되(實事求是), 동아시아의 중국이나 일본은 물론 구미의 특수교육 담론과도 다르면서 수평적으로 상호 소통하는 것(和而不同), 그리고 그 뿌리를 동아시아문명의 전통(溫故知新)에서 찾고자 하는 것이다. 유학에 영향 받은 한국특수교육론의 전거(典據)로서 저자는 주로 논어, 맹자, 중용, 그리고 신유학(neo-confucianism)으로 일컬어지는 성리학(性理學)에 주목하고자 한다.

공자는 스스로 자신은 나면서부터 아는 사람(生而知之者)이 아니라, 배워서 아는 자(學而知之者)라 했다. 인간에게는 생득적 능력도 소중하지만, 그보다 더 중요한 것은 꾸준히 학습하는 태도를 견지하는 것이다. 그리고 그 학습의 가능성은 하늘의 지엄한 명령으로 누구에게나 자신의 본래성(本來性)에 내재해 있다. 이 성(性)을 믿고(信性), 이 성(性)이 시키는 대로 꾸준히 학습하는 것(즉, 率性修道)이 이른바 교육이다. 그래서 「중용」에서는 도(道)라는 것은 잠시도 나를 떠날 수 없는 것(不可離)이며, 잠시라도 나를 떠날 수 있는 것이라면 그것은 이미 도가 아니라(不可道)고 했다. 인간학습의 가능성과 더불어 교육의 필요성을 이보다 더 절묘하게 강조할 수가 없다. 다시 말하지만 어떤 장애아동도 이 학습가능성과 교육필요성으로부터 결코 예외적 존재(exceptional children)가 아니다.

같은 맥락에서 맹자는 인간 교육의 가능성으로서 '성선'(性善)을 내세우고, 이에 기초한 교육의 필요성으로서 '득지'(得志)

를 강조한다. 착한 것의 단서로서의 성(性)은 본래 모든 인간에게 씨앗처럼 내장(內藏)되어 있으므로 우리가 구하면 그 성(性)을 얻고 버리면(즉, 放心하면) 잃게 된다. 문제는 우리가 어떻게 하면 그 성(性)을 회복하거나 함양할지언정 그것을 잃어버리지(失性) 않게 할 것인가? 맹자(孟子)는 우리 인간이 하늘의 명령으로 타고난 성(性)을 어느 경우에는 잃어버리고 어느 경우에는 회복하는가를 '송인알묘'(宋人揠苗)의 비유로 잘 제시해 주고 있다. 즉, 송나라의 어떤 사람이 자기 논의 모가 잘 자라지 않는 것을 속상해 하다가 어느 날 그 싹을 길어 보이도록 잡아당기고는 집에 와서 자신이 싹을 자라도록 도와주고 왔다고 했다. 그 말을 들은 아들이 벼논에 나가보니 벼 싹은 이미 다 말라죽어 있더라는 것이다.

이 이야기의 마지막 부분에서 맹자는 "자기에게 이익이 되지 않는다고 벼의 싹을 김매지 않고 내버려두는 것과 잘 자라도록 만들겠다고 억지로 벼의 싹을 뽑는 것은 모두 성(性)을 해치는 일"이라고 경고했다. 이것은 바로 오늘날 우리 특수교육에 대한 엄중한 경고일 수 있다. 특수교육에서 '장애'(disabilities)를 빌미로 교육함을 포기하는 일이나 무리하게 장애를 교정하는 효험을 과시하려는 것은 모두가 천명(天命)인 성명(性命)을 어기는 일이다. 맹자의 입장에서 위의 두 가지 행위는 상반된 것처럼 보이지만 어떤 행위의 실행 여부를 오직 우리 자신에게 돌아올 현실적 이익을 기준으로 삼아 결정한다는 점에서 똑같이 그릇된 것이다. 맹자는 목전의 이익을 앞세워서 하는 일은 어떤 것이든지 성(性)을 잃어버리게 하는 것이라고 경고한다.

맹자는 그 성(性)을 잃어버리지 않는 마음가짐으로 '구방심'(求放心)을 말하고, 특히 교육받은 지식인에게 그 마지막 보루로

'득지'(得志)를 강조한다. 하나의 경세책(經世策)으로 맹자가 말한 "일정한 소득이 없으면 일관된 마음도 없다"(無恒産 無恒心)는 말은 오늘의 우리에게도 퍽 설득력이 있다. 그러나 특수교육에 임하는 모든 교사들은 어떤 경우에나 장애아동에 대한 '항심'(恒心)을 잃지 말아야 한다. 더욱이나 그 교사에게 일정한 소득이 보장되는 상황에서는 더 말할 나위도 없다.

성리학의 (특수)교육론과 본말전도

조선의 유학은 성리학에 이르러 그 꽃을 활짝 피우게 된다. 성리학(性理學)은 단지 성(性)과 이(理)에 대한 담론이라기보다 그것은 마음의 성격과 획득이라는 교육의 근본 문제를 다룬 대표적 이론이라 할 수 있다. 이홍우(李洪雨, 2000)는 「性理學의 敎育理論」[15]에서 성리학은 애당초 인간의 심성함양(心性涵養)을 목적으로 하여 정립된 이론이며, 이 점에서 '성리학의 교육이론'은 성리학의 특정 측면을 지칭하는 것이 아니라 성리학 그 자체를 지칭하는 것이라 했다.

그는 이 책에서 성리학이 보는 세계와 마음의 이론을 (1) 중층구조(重層構造)의 아이디어: 理와 氣, (2) 내외동형(內外同形)의 아이디어: 性과 情, (3) 천인합일(天人合一)의 아이디어: 誠과 敬 등 세 갈래로 집약하고 있다. 그는 성리학의 핵심 개념인 理와 氣의 관계를 불이(不二 혹은 不離)의 중층구조로 파악했고, 또 인간의 性과 情을 내외동형으로 설정했고, 삶의 태도로서 誠과 敬으로부터 천인합일(天人合一)의 경지를 파악했다. 달리 설명이 필요 없을 정도로 잘 집약되어 있다.

---

15) 이홍우 (2000). **성리학의 교육이론**. 서울: 성경재.

그러나 필자는 성리학의 교육이론이 우리 특수교육(학)에 함의하는 바를 추론하기 위해 몇 가지 설명을 덧붙일 수밖에 없다. 성리학에서 세계와 마음이 '중층구조'로 얽혀 있다는 생각은 불학(佛學)에서도 마찬가지다. 따라서 성리학은 불교의 옷을 입은 유학으로 일컬어지기도 한다. 성리학을 창도한 주희(朱熹)는 理와 氣는 사실적(즉, 在物上)으로 보면 따로 떨어질 수 없는 것이지만, 논리적(즉, 在理上)으로 보면 확연히 구분된다고 했다. 양자의 선후관계에서 인과적 선후로 보면 氣가 理에 앞선다고 하지만, 본원을 논하자면(즉, 논리적 선후관계를 따지자면) 理가 氣에 앞선다고 했다.

理와 氣의 관계에 대한 주희의 견해는 만물과 그 논리적 원인을 중층(重層)의 위와 아래로 파악할 때, 그 두 층 사이의 관계가 어떤 것인가를 명백히 설명해 주고 있다. 성리학에서 말하는 세계의 중층구조와 마찬가지로 불학의 「대승기신론」(大乘起信論)[16]에서는 우리들 마음의 중층구조를 선명하게 보여주고 있다. 기신론에 의하면, 우리들 마음에서 불변의 진여문(心眞如門)과 가변의 생멸문(心生滅門)은 동일한 하나인 '마음'의 상이한 측면(즉, 一心二門)이다. 우리들 마음이 드나드는 이 두 문(二門)은 사실적(현상적)으로 분리되어 있는 것이 아니지만 다만 개념적으로 구분될 뿐이다(즉, 二門不相離).

이홍우(李烘雨; 2000)는 위의 기신론에 집약적으로 표현되어 있는 불교의 세계관은 성리학자들이 가변의 생멸계로부터 불변의 진여(眞如) 세계로 마음을 돌리는 것을 수행의 목적으로 삼은 불교사상에서 그들 자신의 관심사인 교육에 관한 굉장한 시사를 발견하고 그것에 매료되었을 것이라고 논평했다. 그러면 기신론

16) 이홍우 (2006). **대승기신론통석**. 서울: 김영사.

에서 제기한 불학의 수행론(修行論)이 성리학자들의 교육론에 어떤 시사를 줄 수 있었으며, 그것의 특수교육적 함의는 무엇인가?

초기 성리학자들의 발언은 「중용」의 내용을 해설한 것이라 할 만큼, 「중용」의 원리는 성리학에 깊이 연관되어 있다. 아닌 게 아니라 「중용」 1장에서는 교육을 하늘이 명한 인간의 본래 성(性; human nature)에 따라 도(道)를 닦는 것[17]이라고 했다. 그리고 이 道는 잠시도 나를 떠날 수 없는 것(不可離)이며, 떠날 수 있다면 그것은 道가 아니라(可離非道)했다. 여기서 '수도'(修道)는 흔히 불교에서 말하는 '수행'(修行)과 근본적으로 다르지 않다. 그리고 (특수)교육학적으로 볼 때, 중용의 수도(修道)나 불가의 수행(修行)은 전형적인 교육의 과정(過程; process)이다. 여기서 「중용」에서 말하는 '수도'(修道)의 '道'는 바로 오늘날 학교교육의 '교육과정'과 같은 것이어서, 「중용」 첫 장의 '修道'는 현대적 용어로 교육과정의 계획과 운영으로 이해해도 좋다. 그래서 이홍우(2000)는 '수도지위교'(修道之謂敎)에서 "敎라는 것은 다른 것이 아니라 道를 제도에 의하여 시행하는 것"이라 했다.

필자가 보기에 인간교육의 가능성과 더불어 교육의 필요성을 「중용」의 이 첫 구절 이상으로 달리 더 함축적으로 드러낼 수 없을 것 같다. 그만큼 「중용」과 더불어 성리학자들은 그 마지막 승패를 교육에 걸었다고 해도 과언이 아니다. 하늘의 지엄한 명령으로 모든 인간에게 본래 성(性)이 품부(稟賦)되어 있다는 것은 인간교육의 가능성을 극명하게 드러낸 것이다. 여기서 천명

---

17) 天命之謂性, 率性之謂道, 修道之謂敎. 「중용」 1장의 이 구절을 이홍우는 이렇게 옮겼다.
"性이라는 것은 다른 것이 아니라 하늘이 명령한 것이며, 道라는 것은 다른 것이 아니라 性이 가시화된 형태로 드러난 것이며, 敎라는 것은 다른 것이 아니라 道를 제도에 의하여 시행하는 것이다."(이홍우, 2000, p.28)

(天命)은 곧 성명(性命)이며, 바로 이것으로부터 '천인합일'(天人合一)이 도출된다. 그리고 교육이 교육답게 정립되어야 할 당위 내지는 필요성이 敎-道-性의 상향적 연관성에서 잘 드러나고 있다. 즉, 敎가 있다는 사실로부터 敎의 내용으로 들어와 있는 道가 추론되며, 이것으로부터 다시 道에 의하여 가시화되는 性이 추론되고, 이 性은 곧 '하늘의 명령'이라는 것이다. 이홍우(2000)는 "敎를 하늘의 명령인 性에 연결하고 그렇게 함으로써 敎의 근거를 性에서 찾는 것은 인간이 교육을 이리저리 마음대로 바꾸는 불상사를 막는 데에 필요하다"면서, 교육에 대하여 우리가 할 수 있는 일은 오직 그것을 이해하고 그(교육) 원래의 의미를 올바르게 살려내는 것뿐이라 했다.

이것은 특수교육에서 '교육' 그 본래의 의미를 복원해야 할 절실한 과제를 우리에게 시사해준다. 장애아동을 위한 특수교육은 일차적으로 아동의 '장애'를 보상(補償; compensation)하는 일에 급급해 온 나머지 특수교육을 일종의 '치료교육'으로 전치(轉置)하는 것을 당연시하기도 했다. 장애를 교정하거나 보상하는 치료(therapy)가 필요 없다는 게 아니라, 문제는 '교육'을 '치료'로 혼돈하거나 격하하는 데에 있다. 특수교육에서 '치료'는 교육을 지원하기 위한 관련 지원활동이지 그 자체가 '교육'이 아님은 물론, 더욱이나 교육에 우선하는 것이 결코 아니다. 이것은 그동안 특수교육계에서 알게 모르게 저질러 온 전형적인 본말전도(本末顚倒)다.

오늘날 학교교육의 가장 심각한 병폐는 가시적 효과를 중시한 나머지 '점수' = '교육'으로 등식화 되면서, 점수 올리기에 전혀 도움이 되지 않는 장애학생은 예외적 존재로 제외하기를 교묘히 은폐해 왔다. 이 예외(例外) 혹은 제외(除外)로 밀어내기를 제도적으로 정당화하는 빌미로 등장한 것이 장애학생을 위한 특별한 교육배치로서의 특수학교이자 특수학급인지도 모른다. 교육에서 심각한 재앙은 바로 가시적 지말(枝末; 혹은 효과)로서의 용(用)을 근본으로서의 체(體)로 착각하는 경우이다. 교육에서 이런 본말전도의 심각성을 이홍우(2000)는 다음과 같이 지적하고 있다.

> 교육의 지말은 교육의 결과가 개인적인 면에서나 사회적인 면에 있어서 (가시적) 효과를 발휘하는 마지막 장면을 일컫는다. 사람들이 교육의 의미를 생각할 때 가장 먼저 머리에 떠오르는 것도 이것이요, 사람들로 하여금 교육의 중요성을 실감하게 하는 것 또한 이것이다. 대부분의 경우에 사람들의 관심은 온통 이것에 집중되어 있으며, 그만큼 이것은 교육의 근본을 보는 그들의 시야를 가리고 있다. 이때 그들은 교육의 최종적인 효과 이외에 따로 '근본'이라는 것이 있을 수 있다는 것을 알지 못하고 나아가서는 그것이 바로 교육의 근본이라고 생각한다. 그들이 중요시하는 교육의 효과는 정상적인 교육을 받고 난 후에 나타날 수 있는 결과인데도 그들은 그것을 처음부터 교육의 목적으로 삼아 그것을 직접 가르치려고 한다. 이것은 어김없는 본말전도이다(이홍우, 2000, 서문 iii-iv).

우리나라 교육에서 가장 직접적으로 겨냥하는 효과는 '점수-입시-학벌'로 이어지는 일련의 경쟁체제이다. 그리고 특수교육의 가시적 효과는 장애(disabilities)의 교정 혹은 보상이다. 그러는 사이 교육의 지말(枝末) 반대편에 있는 근본으로서 '마음'의 문제는 온데 간데도 없다. 나무의 가지와 잎이 무성한 것은 필경 그 뿌리의 튼실함에 있다. 어떤 경우에나 교육은 마음을 가다듬는 일 혹은 본래마음(즉, 본성 혹은 心源)을 회복하는 데에 연관되는 정도에 따라, 그만큼 교육적이다. 특수교육이 교육의 반열에 들 수 있는 기준도 여기에 달려 있다. 노자(老子)가 말한 '숭본식말'(崇本息末)이라는 것도 바로 오늘날 (특수)교육의 본말전도에 대한 엄중한 경고로 받아들여야 한다.

「중용」의 특수교육론적 함의

성리학에서 이기론(理氣論)이 중층구조를 드러내는 것과 같은 맥락에서, 인간의 마음을 문제 삼는 성정론(性情論)은 내외동형(內外同形)의 아이디어로 설명된다. 여기서 성(性)은 우리의 '마음에 들어 있는 理'와 같은 것으로 마음이 밖으로 드러나기 이전 상태인 '미발(未發)의 기준'이다. 이 性은 「중용」 첫 장에서 언급되는 '중화'(中和)의 '中'과 관련해서 이해될 필요가 있다. 「중용」에서는 "희노애락이 아직 발현되지 않은 상태를 中이라 일컫고, 그것(희노애락)이 발현되어 상황의 절도에 들어맞는 것을 和라고 일컫는다"(喜怒哀樂之未發, 謂之中; 發而皆中絶, 謂之和)고 했다. 그래서 中은 천하의 큰 근본(大本)이요, 和는 천하 사람들이 달성해야만 할 도(達道)라 했다. 여기서 性은 中과 같고, 성정(性情)의 '情'은 和와 관련되어 있다.

性情이 '내외동형'이라는 것은 性과 情이 안팎으로 맞물려 있으면서도 性은 情이 표현되는 기준으로서의 큰 근본(大本)이다. 모로하시(諸橋, 1982)는 「공자 노자 석가」[18]의 삼성(三聖) 회담을 (가상적으로)마련한 자리에서 공자에게 "인(仁)은 사람의 성(性)인가 정(情)인가"라고 묻고, 다시 석존에게 "자비(慈悲)는 사람의 성(性)인가 정(情)인가"라고 묻는다. 두 사람 모두 "성(性)과 정(情) 모두일 것이다"고 했다. 이처럼 性과 情은 안과 밖으로 서로 맞물려 있으면서, 性은 情이 발현되는 '미발의 기준'이 된다. 이와 같이 우리의 마음이 '성명'(性命)에 따르도록 하는

---

18) 심우섭 옮김 (2008). **공자 노자 석가**. 서울: 도서출판 동아시아.

것이 성리학과 「중용」이 말하는 교육의 궁극 목적이다. 따라서 특수교육은 모든 장애아동에게 하늘이 명하는 '性命'에 따라 살아가도록 안내하는 교육행위다. 그리고 그 '性命'은 곧 지엄한 하늘의 명령(天命)이기에 어느 누구도 마음대로 어길 수 있는 그런 것이 아니다.

마지막으로, 성리학에서 말하는 '천인합일'(天人合一)의 경지는 교육을 종교차원까지 끌어올리는 교육의 이상을 압축적으로 표현한 것이다. 「중용」(20장)에서 "성(誠)은 하늘의 도이고, 성(誠)해지려고 노력하는 것은 사람의 도"(誠者 天之道也, 誠之者 人之道也)라 했다.

'誠'은 말한 대로 이루는 것이다. 그래서 이미 '誠'해 있는 것은 하늘의 도(天道)이고, 말한 대로 살고자 부단히 노력하는 것(誠之者)은 곧 사람의 도(人道)이다. 「중용」의 이 말에는 교육 이상으로서 '천인합일'(天人合一)이 선명하게 제기되고 있다. 이어 「중용」에서는 "誠해지려고 노력한다는 것은 선(善)을 택하여 굳게 잡고 실천하는 사람"(擇善而固執之者也)이라 하여, 가장 좋은 것을 시종 헌신적으로 실천하려는 보통 사람의 경지를 드러내고 있다. 이런 삶(擇善)을 고집스럽게 실천하는 데에는 그 단계가 있으니, (1) 널리 배우고(博學), (2) 자세히 묻고(審問), (3) 신중히 거듭 생각하고(愼思), (4) 말과 글을 분명히 하고(明辯), (5) 행하기를 돈독히 하는 것(篤行) 등이다. 이들 5단계를 그 끝 자로 압축하면 '學問-思辨-行'으로 이어진다. 배우고 묻는 것이 학문(學問)이고, 생각이 가지런해야 말(글)이 되고, 誠해지려고 노력하는 사람은 결국 그가 말한 대로 사는 사람이다. 이것이 유학에서 강조하는 교육의 전형적인 과정(過程)이다.

誠하고자 노력함에 있어 "남이 한 번에 능하거든 나는 백번을 하며(人一能之 己百之), 남이 열 번에 능하거든 나는 천 번을 하리라(人十能之 己千之)"는 이 말은 바로 공자가 특수교육을 향해 남긴 경구(警句)라 할만하다. 사람은 누구나 이 '호학역행'(好學力行)의 도(道)에 능하기만 하면, 비록 어리석은 자라도 반드시 현명해지기 마련이라고 「중용」은 일러준다. '천인합일'(天人合一)의 아이디어를 압축한 '성자'(誠者; 즉 天道)와 '성지자'(誠之者; 즉 人道)의 연관을 도올 김용옥(2011)[19]은 이렇게 해설하고 있다.

> '성자'(誠者)는 성 그 자체이다. 그래서 그것을 하늘의 길, 하느님의 길(天之道)이라고 말한 것이다. ...(중략) '성지자'(誠之者)는 誠해지려고 노력하는 과정(process)이다. ...(중략) '誠之者'는 성해지려고 끊임없이 발버둥치는 인간의 노력이다. 그래서 그것을 '사람의 길'(人之道)이라고 말한다. 인생이란 무엇인가? 인생이란 결국 誠이라는 종착역을 향해 칙칙폭폭 끊임없이 달려가는 성지(誠之)호 열차의 모습이다. 그 종착역에 도달할지 안 할지는 여기 질문의 대상이 되질 아니한다. 왜냐하면 열차는 달리는 한에 있어서만 열차이기 때문이다. 열차는 과정(process)이다. 인생은 과정이다. 인생의 목적이란 그 과정에 내재하는 것이다. '성자'(誠者)는 '성지자'(誠之者)에 내재하는 것이다(김용옥, 2011, p.277-278).

도올의 설명이 쉬우면서 그 비유가 절묘하다. 「중용」에서 '誠' 그 자체는 '天人合一'을 완전무결하게 구현한 것이며, 그런 의미에서 천인합일은 오직 이상적 상태로만 존재하는 성인(聖人)에서나 가능하다. 그러나 도올의 말처럼 달리는 열차와 마찬가지로 인생은 '과정'(過程; process)이다. 때문에 성인(聖人)이 되고자 하는 교육의 목적은 그 과정에 내재해 있는 것이다. 즉,

---

19) 김용옥 (2011). **중용: 인간의 맛**. 서울: 통나무.

장애아동을 포함해서 우리 인간은 누구나 성지(誠之)호 열차를 타고 誠이라는 종착역을 향해 달리는 동안에는 이미 그 '誠'을 내재화하고 있다. 그래서 인도(人道)인 '성지'(誠之)의 길은 천도(天道)인 '誠'의 현재완료형이다. 이 성지(誠之)호 열차를 타고 달리는 동안 특수교육은 '심성함양'(心性涵養)으로서의 교육 본래 모습에 동참하게 되는 것이다.

이어 「중용」 22장(天下至誠의 장)에서는 "오직 천하의 지극한 誠이라야 자기의 타고난 性을 온전히 발현할 수 있고, 자기의 타고난 性을 온전히 발현할 수 있게 되어야 타인의 性을 온전히 발현케 할 수가 있다."(唯天下至誠, 爲能盡其性; 能盡其性, 則能盡人之性)고 했다. 여기 "지성(至誠)이라야 자기의 타고난 性을 온전히 발현케 할 수 있다"는 말 속에 성리학에서 강조하는 (특수)교육의 가능성과 필요성이 결정적으로 집약되어 있다. 그리고 "자기의 타고난 性을 온전히 발현할 수 있어야 타인의 性을 온전히 발현케 할 수 있다"는 말은 (특수)교육에서 교사론의 백미(白眉)에 해당된다.

「중용」에서 '지성능화'(至誠能化)라 해서 至誠이래야 능히 化할 수 있다고 했는데, 이것은 (특수)교육에서 교사에 의한 至誠이 먼저 발현되어야 학생에게 육화(育化)로서의 감화(感化)가 일어난다는 것이다. 마침내 「중용」(26장)에서는 '지성무식'(至誠無息)이라면서 至誠은 쉼이 없다고 했다. 이처럼 "쉼이 없으면 오래가고, 오래가면 징험이 드러난다"(不息則久, 久則徵)고 했으니, 우리 특수교육은 결코 포기함이 없는 '지성무식'(至誠無息)의 과정으로 실재해야 한다. 그래서 특수교육은 성리학이 말하는 '천인합일'(天人合一)의 마지막 증거이자 징험이어야 한다.

이상에서 보는 것처럼 특수교육(학)의 형이상학적 뿌리는 이미 동아시아의 유학에 실재해 있었으나, 다만 우리가 그것을 간과했을 뿐이다.

3. 불학(佛學)의 한국특수교육론

유학이 들어온 이후에 역시 중국으로부터 불학이 우리나라에 전래되었다.[20] 그럼에도 국학(國學)으로 일컬어진 유학에 비해 불학은 민중들의 삶에 훨씬 광범위하게 침윤(浸潤)되었다. 현상윤(玄相允)은 조선사상계에서 유교는 불교보다도 먼저 전래되었음에도 불교에게 우위를 내 준 까닭을 다음의 두 가지로 설명하고 있다.

> 첫째, 유교사상은 그 교리가 주로 이지적이어서 윤리도덕을 많이 말하는데 비하여 불교사상은 주로 감정적이어서 생명과 심령을 많이 말하며, 또 그 교도의 방법이 유교는 계급적 귀족적인데 비하여 불교는 무차별적 평민적이다.
>
> 둘째, 당시 삼국은 해마다 상호간에 또 이웃 나라인 수나라·당나라와 침략과 전쟁을 계속하여, 생사유전(生死流轉)이 점점 심하여 생명·재산과 사회 인심에 불안한 변화가 많았으므로, 불교의 설법이 다른 사상에 비하여 한층 많은 위안과 동정을 줄 수 있었던 것이 그 중요한 이유인 듯하다(이형성, 2010, pp.61-62).

---

20) 현상윤은 "조선사상계에는 옛날부터 있어 온 조선의 고유한 '신도사상'(神道思想) 이외에, 유교의 뒤를 이어 또 한 가지 외국 사상이 전래하였다"(이형성, 2010, p.57)고 하여 유교에 이어 불교가 전래하였음을 밝히고 있다. 그러나 실제로 고구려에 불교가 전래된 연대는 소수림왕 때여서 유교의 전래와 비슷하였으며, 다만 신라에서는 눌지왕(訥祇王) 때(5세기 초엽)에 비로소 불교가 전래되기에 이른다.

당시에 유학은 관학(官學)이고 귀족적인데 반하여 불학은 민중의 고통을 위무(慰撫)하는 측면이 강하여, 자연히 고통 받는 서민들의 삶과 정서에 쉽게 호응할 수 있었을 것이다. 이를테면 김부식은 「삼국사기」(三國史記)에서 중국을 본으로 한 유학적 관점에서 의도적으로 불교적 전통을 배제하려고 하였다. 그에 비해 일연은 「삼국유사」(三國遺事)에서 불교적·설화적 요소를 중심으로 민중의 삶 속에서 전해 내려오는 이야기들을 폭넓게 다루었다. 이런 이야기들 속에는 천수대비(千手大悲)에게 노래를 지어 기도하여 눈을 뜬 희명(希明)의 아이 이야기, 12살이 되도록 말도 못하고 거동도 못하는 중증장애아동이 불력(佛力)에 의해 치유되고 어머니와 함께 극락에 간다는 이야기도 나온다.

「삼국유사」에 반영된 장애인관

이처럼 「삼국유사」에는 역사 속에 파묻힌 장애인의 삶에 얽힌 애절한 사연들이 전해지고 있다. 원래 일연의 「삼국유사」의 '유사'(遺事)에서 '유'(遺)는 '잃어버리다', '자취', '남다'는 의미이고, '사'(事)는 사실이나 사건, 사적(事跡)을 뜻하는 것이다. 그래서 「삼국유사」는 이전 역사 가운데 고려에 와서 없어진 일들에 관한 기록이라는 뜻과 정사(正史)에서 빠진 역사에 관한 기록이라는 뜻을 함께 포함하고 있다(김원중, 2007).[21]

일연의 「삼국유사」에는 장애인에 관련된 기록이 세 편 소개되고 있다. 즉, 그 내용은 탑상(塔像) 제4에서 '분황사의 천수대비(千手大悲)가 눈먼 아이의 눈을 뜨게 하다'가 하나이고, 그 둘은 의해(義解) 제5에 나오는 '사복(蛇福)이 말을 못하다'이다.

---

21) 김원중 옮김 (2007). **삼국유사**. 서울: 민음사.

마지막으로 그 셋은 효선(孝善) 제9에 '가난한 딸이 눈먼 어머니를 봉양하다'이다. 아래에 그 내용의 전모를 소개한다.

【 분황사의 천수대비가 눈먼 아이의 눈을 뜨게 하다 】

경덕왕(景德王) 때 한기리(漢岐里)에 사는 희명(希明)이라는 여인의 아이는 태어난 지 5년 만에 갑자기 눈이 멀었다. 하루는 어머니가 아이를 안고 분황사(芬皇寺) 왼쪽 전각 북쪽 벽에 그려진 천수대비(千手大悲: 관세음보살의 한 모습으로 중생의 고통을 해탈하게 하여 모든 소원을 이루어 준다고 함) 앞으로 갔다. 거기서 아이에게 노래를 지어 빌게 했더니 멀었던 눈이 떠졌다. 그 노래는 이러하다

무릎 꿇으며
두 손바닥을 모아
천수관음 앞에
축원의 말씀을 올리나이다.
천개의 손과 천개의 눈을 가졌으니
하나를 내놓아 하나를 덜기를
눈이 둘 다 없는 저에게
하나만 주어 고쳐 주시옵소서.
아아, 저에게 끼쳐 주시면
그 자비심 얼마나 크시나이까.
(삼국유사, 탑상, 분황사 천수대비와 맹아득안조; 김원중 옮김, 2007, p.374)

이는 부처의 자비(慈悲)에 의해 눈먼 아이가 눈을 뜨게 된 이야기로, 민중들에게 불심(佛心)을 두텁게 하기 위함이었을 것이다. 이것은 당시 민중들에게 떠돌던 노래로서 천개의 눈을 가진 천수관음 앞에 "천개의 눈을 가졌으니 하나를 내놓아 하나를 덜

기를 눈이 둘 다 없는 저에게 하나만 주어 고쳐 주시옵소서."라고 간절히 빌면서 부처의 자비심에 호소한 것이다. 여기서 눈먼 아이에게 천수대비 보살을 향해 노래를 지어 빌게 했더니 멀었던 눈이 떠졌다는 사실이 중요한 것이 아니라, 이런 노래를 통해 부처의 대자대비(大慈大悲)를 호소하는 민중의 불심(佛心)을 두루 고양하고자 했을 것이다.

이어 「삼국유사」의 권 제4 의해(義解) 제5 '사복(蛇福)이 말을 못하다'에서는 이렇게 적고 있다.

【 사복이 말을 못 하다(蛇福不言) 】

서울의 만선북리(萬善北里)에 사는 한 과부가 남편 없이 임신을 하여 아이를 낳았는데, 열두 살이 되도록 말도 못하고 일어서지도 못해 사동(蛇童)이라 불렀다. 어느 날 그의 어머니가 죽었다. 그 때 원효(元曉)는 고선사(高仙寺)에 머물고 있었다. 원효가 사복(蛇福)을 보고 맞이하여 예를 올렸으나, 사복은 답례를 하지 않고 말했다.

"옛날 그대와 내가 함께 불경을 싣고 다니던 암소(사복의 어머니를 말함)가 지금 죽었는데 나와 함께 장사 지내는 것이 어떻겠는가?"

"좋다."

그래서 함께 (사복의) 집에 갔다. 사복은 원효에게 포살수계(砲薩授戒; 불교에서 승려들이 계율을 범한 자가 다른 승려들에게 고백하고 참회하는 의식을 말함)를 해 달라고 했다. 원효는 시신 앞으로 가서 빌었다.

"태어나지 말지니, 죽는 것이 괴롭구나. 죽지 말지니, 태어나는 것이 괴롭구나."

사복이 말했다.

"말이 번거롭다."

그래서 원효가 다시 말했다.

"죽고 사는 것이 괴롭구나"

두 사람은 상여를 메고 활리산(活里山) 동쪽 기슭으로 갔다. 원효가 말했다.

"지혜로운 호랑이를 지혜의 숲 속에 장사 지내는 것이 마땅하지 않은가?"

사복이 곧 게(偈)를 지어 말했다.

"옛날 석가모니 부처님께서 사라수(娑羅樹) 사이에서 열반에 드셨도다. 지금 또한 그러한 자가 있어, 연화장세계(蓮花藏世界; 즉 연꽃에서 출생한 세계)로 들어가고자 하네."

말을 마치고 띠 풀의 줄기를 뽑으니, 아래에 밝고 청허(淸虛)한 세계가 있었는데, 칠보난간에 누각이 장엄하여 아마도 인간 세상이 아니었다. 사복이 시체를 업고 땅속으로 함께 들어가니 땅이 다시 합쳐졌다. 원효는 곧 돌아왔다. 후세 사람들이 그를 위해서 금강산 동남쪽에 절을 짓고 도량사(道場寺)라 했으며, 매년 3월 14일이면 점찰회(占察會; 지장(地藏) 보살이 부처님의 명에 의하여 과거 선악의 행위와 그 報를 점치는 법을 설파하고 아울러 대승의 실천을 밝히는 법회)를 행하는 것을 일반 규정으로 여겼다. 사복이 세상에 영험을 드러낸 것은 오직 이것뿐이었다. 그런데 항간에는 황당한 것을 덧붙이고 있으니 우스운 일이다.

이에 다음과 같이 기린다.

깊은 못처럼 잠자는 용이 어찌 등한하랴.
떠나면서 읊은 한 곡 간단하기도 하다.
고달프구나, 생사는 본래 고통만은 아니니
연화장 떠도는 (극락) 세계는 넓기도 하네.

(「삼국유사」, 의해(義解) 제5, 김원중 옮김, 2007, pp.477-479)

아마 설화(說話)처럼 전해 오는 이야기가 아닌가 싶다. 이야기의 설정 자체가 예사롭지 않다. 한 과부가 남편 없이 낳은 아이가 말도 못하고 서지도 못하는 사동(蛇童; 뱀처럼 기어 다니는 아이라는 뜻)이란다. 사복의 출생 자체가 신비로운 이야기다. 어머니가 죽자 사복(蛇福)은 느닷없이 원효를 찾아 포살수계(砲薩授戒)를 청하니, 원효가 시신 앞에서 '죽고 사는 것이 괴로움'이라 빈다. 이 이야기에서 사복은 그의 어머니를 원효와 함께 불경을 싣고 다니던 암소에 비유한다. 그러자 원효는 죽은 사복의 어미를 지혜로운 호랑이에 비유하여 숲 속에 장사지내기를 권유한다. 이에 다시 사복이 죽은 어머니가 연화장(蓮花藏) 세계로 들기를 빌어 소원대로 되었다는 영험(靈驗)을 드러내고 있다.

이 설화는 우리에게 두 가지를 교시해 준다. 그 하나는 말도 못하고 서지도 못하는 중복장애인 사복이가 불경을 매개로 원효와 대등한 수준에서 소통하고 있음이다. 다른 하나는 비록 고달픈 현세의 삶이지만 죽은 후에 극락세계로 드는 문은 넓게 열려 있어, 누구나 지극한 맘으로 빌면 연화장 세계로 들 수 있다는 믿음을 주고자 함이다.

한편, 「삼국유사」 말미의 '효선'(孝善) 제9 '가난한 딸이 어머니를 봉양하다'(貧女養母)는 이야기에는 한 가난한 집 처녀가 눈먼 어머니를 봉양하는 아름다운 이야기를 적고 있다. 이 이야기를 통해서 우리는 눈먼 어머니를 지극 정성으로 봉양하는 가난한 처녀의 효심에 감복하여 이웃과 나라에서 그들의 구휼(救恤)에 자발적으로 힘을 모아준 전래의 미풍양속을 확인하게 된다. 필자가 보기에 이 이야기는 「심청전」의 예고편처럼 들린다. 이처럼 우리나라는 고래로 유학의 효성과 불학의 자비가 하나로 어우러져 장애인과 비장애인이 함께 사는 '대동'(大同)의 전통을 지니고 있었다. 다만 그것이 제도교육으로 반영되어 빛을 발하지 못한 것이 하나의 아쉬움으로 남을 뿐이다.

우리나라에서 고래로 불교가 민중종교로 쉬이 자리 잡을 수 있게 된 것은 두 측면에 기인하는 것으로 본다. 그 하나는 우리 고유의 무교(巫敎) 혹은 무속(巫俗)과 불교는 민중의 삶과 정서 속에 무리 없는 접합·회통이 가능했던 것이다. 종교로서 무교(巫敎)는 어떤 종교와도 접합(接合)이 가능한 개방성을 지니고 있으며, 문화적 습속(習俗)으로서의 무속(巫俗)은 민중들이 겪는 현실적 고통으로부터의 해방 혹은 해탈을 위해 불교와 쉽게 회통(會通)이 가능 했다. 다른 하나는 중국으로부터 들어온 불교(불학)는 이미 중국의 유교(유학)의 옷을 입은 채로 전래되었기에 우리나라에서 쉽게 뿌리 내릴 수 있었다. 게다가 삼교(三敎)의 전통 중에 도가(道家)는 불가(佛家)와 상생(相生)의 소통이 가장 용이했던 것도 간과할 수 없다.

불학의 한국특수교육론적 함의

그러면 불학의 한국특수교육론적 함의는 무엇인가? 이를 위한 논의를 편의상 불학의 본체론과 수행론으로 대별해서 보고자 한다. 본체론(本體論)은 말 그대로 '체용론'(體用論)의 '體'[22]에 해당되는 불학의 본질과 뿌리에 관한 논의이다. 불교는 내면적 깨달음의 종교이기에 불학은 '깨침'을 그 體로 삼는다. 박성배(朴性培; 2002)[23]는 불학을 '나 깨짐'의 사상으로 집약했다. 그는

22) 박성배(2002)는 "동양 사람들이 '체'(體)를 발견한 것은 서양 사람들이 '신'(神)을 발견한 것만큼이나 중요한 정신사적 사건"이라고 했다. 그렇다고 '동양의 체는 곧 서양의 신'이라고 함부로 속단해서는 안 될 것이라 했다.

23) 박성배 (2002). **깨침과 깨달음**. 서울: 예문서원.

'깨짐 없는 깨침은 없다'고 했다. 그렇다. 기존의 내가 깨져야 깨침이 온다. 그래서 박성배 교수는 그가 쓴 모든 글에서 "지적인 깨달음은 불교의 깨침이 아니다. 거기에는 깨짐이 없기 때문이다. 깨짐이 없는 깨침은 불교의 깨침이 아니다"고 거듭 강조한다.

물론 깨달음이 철저하면 깨침으로 이어진다. 하지만 불학의 體로서 '깨침'은 반드시 스스로의 '깨짐'(즉, 자기해체)을 전제로 한다. 그래서 자기 해체로서의 '깨짐'이 없는 깨침은 불학에서 말하는 깨침이 아니라는 것이다.[24] 현장(玄奘)은 「금강경」(金剛經)을 '능단금강반야'(能斷金剛般若)라는 표현을 썼는데, 이것은 "금강과도 같이 단단한 업(業)과 장애(障礙)를 자를 수 있는 지혜"라는 의미로 「금강경」을 해석한 것이다. 흔히 불교에서는 능단의 지혜를 '멸체'(滅諦)에서 찾는다. '집착을 끊는다'(滅執)는 것에 대해 도올 김용옥(1999)[25]은 "벼락은 나의 존재를 둘러싼 대상세계에 대한 집착의 고리에 내리쳐야 하는 것이 아니라, 금강의 벽력은 곧 나의 존재 그 자체에 떨어져야 하는 것"이라 했다. 위에서 말한 '나 깨짐'이 곧 금강의 벽력이다.

불학의 '돈오점수'(頓悟漸修)에서 그 체(體)는 '돈오'(頓悟)다. 불학에서는 '돈'(頓)을 '몰록'(갑자기)이라 가르친다. 그래서 '돈오'(頓悟)를 영어권에서는 흔히 'sudden enlightenment'로 표기한다. '몰록 깨침'을 놓치지 않기 위해 그 '용'(用)으로 '점수'(漸修)가 따라 붙어야 한다. 그런데 우리 특수교육에서는 '점수'(漸修)의 질서만 따르고 몰록 깨침으로서의 '돈오'(頓悟)를 아예 인정하려 들지 않는 데에 문제가 있다. 왜 그런가? 이것은 특수교

24) 이런 맥락에서 박성배 교수는 "지적 훈련만을 공부의 전부라고 생각하는 사람들의 공통적인 특징은 '깨달음의 세계'만을 강조할 뿐 종교적인 '깨침의 세계'를 불고한다는 데 있다"(박성배, 2002, p.18)고 경고한다.

25) 김용옥 (1999). **금강경강해**. 서울: 통나무.

육에서 또 하나의 본말전도(本末顚倒) 현상 때문이다. 즉, 장애아동의 장애(disabilities)만 보고 사람을 놓쳐버린 탓이다. 어쩌면 특수교육이라는 이름으로 장애의 틀(category) 속에 아동을 가두어 놓고 장애의 족쇄를 채운 격이다. 박성배(2002)는 "몸짓(즉, 用)에서 몸(즉, 體)으로 가는 길은 막혀 있지만, 일단 몸으로 돌아가면 그 속에 온갖 몸짓이 자유자재로 조화롭게 잘 일하고 있음을 발견할 수 있는 것처럼 불교 공부도 그런 것"이라면서 이렇게 말한다.

> 그러므로 나는 말하고 싶다. 몸으로 하여금 몸 노릇하도록 내버려 두라. 이것은 학문하는 사람이든 도 닦는 사람이든 사람이면 누구나 명심해야 할 일일 줄 안다. 몸짓의 속박에서 벗어나 몸이 몸 노릇을 제대로 하는 세계가 바로 깨침의 세계요 몰록 돈(頓)의 세계요 부처님의 세계가 아닐까 생각해 본다(박성배, 2002, p.37).

'한국특수교육론'의 정립을 위해 이렇게 고쳐 말해도 좋을 듯싶다. 특수교육으로 하여금 (특수)교육 노릇하도록 내버려 두라. 이것은 특수교육(학)을 하는 사람이면 누구나 명심해야 할 일이다. 가시적 효용(즉, 몸짓 혹은 用)의 속박에서 벗어나 특수교육이 교육 노릇 제대로 하게 하는 세계가 바로 깨침의 세계요 불학의 세계다. 위에서 "몸짓에서 몸으로 가는 길은 막혀 있지만, 일단 몸으로 돌아가면 그 속에 온갖 몸짓이 자유자재로 잘 일하고 있음을 발견할 수 있다"는 말은 우리 특수교육(학)계에 주요한 시사를 준다. 장애를 교정하기만 하면 교육은 저절로 된다는 생각은 엄청난 착각이다. 오히려 자기 본래성을 살려 성장하도록 길을 열어주면 누구나처럼 장애아동의 심성은 계발된다.

심성계발로서의 특수교육 정립을 위해 불학이 우리에게 주는 시사는 감동적이면서 함축적이다. 불학에서 '나 깨침'은 자기혁신의 과정이자 원래 하나의 마음자리(즉, 一心)인 '심원'(心源)으로 돌아가기이다. 흔히 불교를 자력 신앙의 종교라고 한다. 불학에서 '깨침'은 몰록 깨침으로서의 '돈오'(頓悟)를 지칭한다. 단박 깨침으로서의 '돈오'(頓悟)는 자력에 의한 것이지 다른 사람의 가르침에 의해 얻어지는 것이 아니다. 그래서 처음 깨침으로서 돈오(頓悟)에는 반드시 차차 닦음으로서 '점수'(漸修)가 따라붙지 않으면 안 된다. 지속적인 '점수'에 의해 '돈오'(頓悟)는 증오(證悟)로 내면화된다. 이 때 '점수'(漸修)는 수행(修行)의 과정이자 전형적인 교육의 과정이다. 그래서 '頓悟'는 새 생명의 탄생과 같고, '漸修'는 아기가 훌륭한 성인으로 성장하는 과정과 같다.

「대승기신론」의 특수교육론적 함의

필자가 보기에 불학의 본체론과 수행론을 함께 아울러 가장 체계적으로 다룬 고전적인 저술은 「대승기신론」(大乘起信論)이다. 기신론은 대장경 판으로 불과 열 쪽도 되지 않는 불학 고전이다. 이 경전은 원래 아슈바고샤(馬鳴)가 산스크리트어(梵語)로 쓴 것을 550년 경 저명 경전 번역가인 파라마아르타(眞諦)가 한문으로 번역한 것으로 알려져 있다. 이 논문은 대승불교의 핵심을 포괄적으로 요약한 것으로, 복잡한 내용을 함축적으로 요약하는 일에 비상한 능력을 지니고 있는 사람이 아니고는 도저히 쓸 수 없는 그런 논문이다.

지금까지 기신론에 관한 주석서는 178편에 이르러, 불교 경론서 가운데 가장 많은 주석서를 점한다. 이는 그만큼 기신론의 진가를 입증하는 셈이다. 모든 논서가 그렇지만, 「대승기신론」은 그 제목에 이미 전체 메시지가 녹아 있다. '대승'(大乘; 마하아야아나)은 '큰 수레'로서 '중생의 마음'의 비유이다. '기신'(起信)이란 중생이 믿음을 일으킨다는 뜻이다. 결국 '대승'(大乘)은 논의 종체(宗體)이며, '기신'(起信)은 논의 수승한 기능이다. 이 체용(體用)을 함께 들어서 제목을 '대승기신론'이라 했다. 지금까지 대부분의 주석가들은 「대승기신론」을 '대승에 대한 믿음을 일으키는 데 대한 논'이라는 식으로 읽어 왔으나, 박성배(2002)는 원효의 '대승기신론'에 대한 풀이를 인용하면서 다음과 같이 기술하고 있다.

> 총괄하자면, 대승이 이 논의 궁극적인 몸(宗體)이요 믿음을 일으키는 것이 이 논의 뛰어난 몸짓이다. 논의 몸과 몸짓을 함께 거론하여 제목을 지은 까닭에 '대승기신론'이라는 이름이 되었다(總而言之, 大乘是論之宗體, 起信是論之承能 體容合擧 以標題目 故言大乘起信論也). (박성배, 2002, p.105)

'대승기신' 즉, '대승의 믿음을 일으킨다.'는 말은 '마음이 본연의 기능을 한다'는 것이다. 이렇게 본연의 작용을 하는 마음이 곧 '믿음의 마음'(信心)이다. 따라서 '대승기신'이라는 말을 "대승에 대한 믿음을 일으킴"이 아니라 "대승의 믿음을 일으킴"으로 이해해야 한다는 것이다. 즉, "내가 대승에 대해 믿음을 일으킨다"기보다 "대승이 기신한다"로 된다.[26] 그래서 이 논을 지은 대

---

26) 박성배(2009)는 '내가 기신하는 경우'와 '대승이 기신하는 경우'를 가상적으로 비교해 보기를 권유하면서 다음과 같이 말한다.
「대승이 대승 노릇하는 것이 대승기신의 뜻이다. 우리들이 항상 생각하기를, 우리들은 어리석고 죄 많은 중생이니까 우리는 대승이 아닐 것이라고 한다. 따라서 대승은 대상화되고 또한 그것은 소신(所信)으로 멀리 떨어져 있게 되고 만다. 그리고 그러한 대승에 대해서 믿음을 일으키는 것이 신앙의 길인 것처럼 생각한다. 그러나 대승기신론은 철두철미 우리들이 바로 대승이라는 입장에 서 있다.」 (박성배, 2009, p.168)
이처럼 '내가 대승을 믿는다'는 것과 '내가 곧 대승이다'는 것에서의 나는 어쩌면 하늘과 땅의 차이일 수 있다.

의는 중생으로 하여금 의혹을 제거하고 잘못된 집착을 버리게 하여 '대승의 바른 믿음을 일으켜' 부처의 종자(佛種)가 끊어지지 않게 하기 위함(爲欲令衆生 除疑捨邪執 起大乘正信 佛種不斷故)이라고 했다(박성배, 2002, p.106). 즉, '대승이 곧 중생심'이라는 불퇴전의 믿음을 일으키는 것을 일관되게 강조하는 것이 「대승기신론」의 종지(宗旨)이다.

이처럼 본체론의 입장에서 볼 때 기신론은 특수교육의 가능성에 대한 무한한 믿음을 제공한다. 뿐만 아니라 「대승기신론」이라는 제목 자체에 본체론과 수행론이 맞붙어 있어 (특수)교육에 각별한 시사를 제공한다. 이홍우(2006)[27]는 그의 「대승기신론통석」에서 기신론이 갖는 가치와 의의를 이렇게 적고 있다.

> 이 논술(기신론)에는 실재와 현상의 관계에 관한 형이상학적 견해, 마음의 성격과 작용에 관한 인식론적 견해, 그리고 이들 견해를 바탕으로 한 삶의 지혜가 하나의 일관된 체제 속에 통합되어 있다. 이 논술은 불교의 진리를, 어느 한 특정한 부파에 치우침이 없이 포괄적으로 또한 시적(詩的) 감동을 자아내는 찬란한 문체로 진술한 불교 문헌의 극치를 보여준다. 오늘날 우리에게 이 논술이 가지는 의의는 무엇보다도 그것이 종교와 철학과 교육 3자의 접합점을 제시한다는 데서 찾아볼 수 있다(이홍우, 2006, p.38).

원래 이 말은 이홍우(李烘雨) 교수가 이 통석이 나오기 전(16년 전)에 기신론을 번역했을 때 처음 쓴 말이다. 이하에서 우리는 과연 기신론이 종교-철학-교육을 어떻게 하나로 꿰고 있는가를 주의 깊게 해석해 볼 필요가 있다. 「대승기신론」(大乘起信論)에서 '대승'(大乘; 마하아야아나)은 큰 수레로 이것은 중생의 마음(衆生心)을 가리킨다. 이 마음은 원래 하나이지만 상이한

27) 이홍우 (2006). **대승기신론통석**. 서울: 김영사.

두 측면에서 파악된다. 즉, 그것은 실재(實在; reality)의 측면에서 파악되는 '심진여문'(心眞如門)과 현상(appearance)의 측면에서 파악되는 '심생멸문'(心生滅門)이다. 그런데 이 두 측면(즉, 심진여문과 심생멸문의 二門)은 오직 개념적으로만 구분될 뿐, 각각 별도로 존재하는 것이 아닌 '불상리'(不相離)의 관계이다. 원래 마음은 하나인데(즉, 一心), 그것이 마음의 본성(즉, 心性)이기에 '참으로 그러한 것'(즉, 眞如)이라고 부른다.

원효(元曉; 617-686)가 말하는 '일심'(一心)도 언제나 '일심이문(一心二門)의 '일심'이다. 즉 일심(一心)은 심진여문(心眞如門)과 심생멸문(心生滅門)이라는 두 문의 총상(總相)으로서의 일심이다. 그리고 '심진여문'과 '심생멸문'은 바로 일심의 나뉜 모양, 즉 별상(別相)으로서의 이문(二門)이다. 따라서 원효에 의하면, 일심 없는 이문이나 이문 없는 일심은 없다. 원효는 "마음의 고요한 측면인 심진여문과 움직이는 측면의 심생멸문은 서로 어긋나고(相乖) 같지 않기에 하나가 아니며(不一), 서로 융통하고 총섭하고 겹쳐져 있어 그 체(體)가 나뉘어져 있는 것이 아니기에 둘이 아니다(不二)"(김원명, 2004, p.104)[28]고 했다. 원효의 해석이 탁월하다.

여기서 하나의 마음이 갖는 '이문 불상리'(二門 不相離)는 앞에서 성리학의 이론에서 세계와 마음에 대한 '중층구조'를 떠올리게 한다. 이홍우(2006)는 기신론의 모든 설명은 이 두 층(즉, 심진여문과 심생멸문의 二門)의 관계와 그 사이의 운동을 드러내기 위한 것이라고 했다. 기신론에 의하면 우리의 마음이 진여문에 들게 하기 위해서는 생멸심은 버려야 할 마음이다. 그러나

28) 김원명 (2004). "원효의 일심사상". 한국불교원전연구회(편). **인물로 보는 한국의 불교사상**. 서울: 예문서원, 98-122.

생멸심을 일으키는 상념(想念)은 그냥 버려야 할 헛되기만 한 것이 아니라 그 속에 진여에 이르는 힘을 감추고 있다. 기신론에서 상념은 무명(無明)을 원인으로 하여 생기며, '무명에는 시작이 없다'(無始無明)고 했다. 그래서 중생은 본래부터 끝없이 계속되는 상념에 얽매어 있으며 거기서 벗어나는 법이 없다. 불학에서 '깨닫지 못함'(不覺)이 상념 속에 갇혀 사는 상태를 가리킨다면, '깨달음'(覺)은 상념을 버린 상태를 지칭한다. 기신론에서는 '깨달음'(覺)을 '깨달음의 본체'(本覺)와 '깨달음의 과정'(始覺)으로 구분하여 다음과 같이 설명하고 있다.

> '깨달음'(覺)이라는 것은 상념에서 벗어난 상태로서의 '마음의 본체'(心體)와 그 상태에 이르는 과정을 일컫는다. ....(중략) '깨달음'이 '진여 그 자체로서의 여래의 몸'(如來平等法身) 바로 그것이라는 것을 강조할 때 '깨달음의 본체'(本覺)라는 말이 사용된다. '깨달음의 본체'는 '깨달음의 과정'(始覺)과 대비되지만, '깨달음의 과정'(始覺)과 '깨달음의 본체'(本覺)는 그것이 지칭하는 깨달음의 상태에 있어서는 동일하다. '깨닫지 못함'(不覺)은 오직 '깨달음의 본체'를 상정할 때 그것과의 대비에 의하여 성립하며, '깨달음의 과정'은 "깨닫지 못함'에서 '깨달음'으로 나아간다는 뜻을 나타낸다(「대승기신론」 17, 이홍우, 2006, pp.93-94).

위 글에서 깨달음의 본체인 본각(本覺)과 깨달음의 과정인 시각(始覺), 그리고 깨닫지 못함의 불각(不覺) 간의 관계에 주목할 필요가 있다. 상념(想念)을 기준으로 보면, 불각(不覺)은 상념 그 자체이고, 본각(本覺)은 상념이 생기기 이전 혹은 상념을 떠난 상태이고, 시각(始覺)은 상념으로부터 상념이 생기기 이전 혹은 상념을 떠나는 과정을 지칭한다. 기신론에서 본각(本覺)은 시각(始覺)과 별도로 떨어진 상태를 가리키는 것이 아니라, 깨달음의 과정이 진행되는 순간마다 그 과정을 이끄는 기준이 된다.

그래서 시각(始覺)은 본각(本覺)의 현재완료형이다. 기신론에서 "본각(本覺)은 시각(始覺)과 대비되지만, 시각과 본각은 그 깨달음의 상태에 있어서는 동일하다"는 것은 바로 이런 의미이다. 그리고 본각(本覺)은 불각(不覺)과 직교하면서 상념이 진행되는 순간마다 그것을 이끄는 기준이 된다. 기신론에서 불각(不覺)-시각(始覺)-본각(本覺)에 이르는 과정은 수행에 의한 교육의 과정을 여실히 보여주고 있다.

기신론에서는 진여가 상념의 위에서, 상념과 수직으로 교차하면서 상념과 깨달음의 과정을 이끄는 기준이 된다. 그래서 "진여는 결국 상념이 일치해야 할 표준"이라면서, 이홍우(2006)는 다음과 같이 기술하고 있다.

> 상념은 어딘가에서 생긴 것이 아니라 처음부터 우리에게 주어져 있다는 것, 그리고 진여는 상념을 만들어 낸 원인도, 상념이 생기기 이전도 아니요, 상념이 일치해야 할 표준이라는 것입니다. 이것은 곧 마음을 앞에서 말한 '중층구조'로 파악하는 것입니다. 상념이 무명에서 생긴다고 말하는 것은 오직 상념에는 그것이 일치해야 할 표준이 있다는 것, 그리고 상념은 그 표준에 일치할 때 비로소 '올바른' 것이 될 수 있다는 것, 그리고 무엇보다 중요한 것으로서 그 표준은 상념 속에서가 아니고는 달리 찾을 수 없다는 것을 알리기 위하여 필요했던 것입니다(이홍우, 2006, p.117).

위에서처럼 "진여는 상념이 일치해야 할 표준"이라면, 이것을 해명하기 위해서는 마음의 두 방향에 따르는 운동을 규정하는 '훈습'(熏習)의 개념에 주목하지 않을 수 없다. 훈습은 동일한 경로를 반대되는 방향으로 따르는 마음의 두 가지 운동을 설명하는 것으로, 기신론에서 다음과 같이 기술하고 있다.

'훈습'이라는 것은 비유컨대 사람의 옷이 그 자체로는 냄새가 없지만 사람이 그 냄새를 오랫동안 배게 하면 냄새를 가지게 되는 것과 같다. 우리 마음에도 이와 유사한 현상이 일어난다. 진여, 그리고 그것이 나타내는 '깨끗한 마음'(眞如淨法)은 원래 물든 것이 아니지만, 무명이 오랫동안 지속적으로 영향을 주면(熏習) '물든 양상'(染相)을 띠게 되며, 무명, 그리고 그것이 나타내는 '물든 마음'(無明染法)은 원래 깨끗한 것이 아니지만, 진여가 오랫동안 지속적으로 영향을 주면 '깨끗한 기능'(淨用)을 나타내게 된다(이홍우, 2006, p.129).[29)]

기신론에서는 위에서 말한 두 가지 훈습을 상념으로 흐르는 훈습으로서 염법훈습(染法熏習)과 진여로 돌아가는 훈습인 정법훈습(淨法熏習)으로 대별하고 있다. 여기서 상념으로 흐르는 '염법훈습'과 진여로 돌아가는 '정법훈습'을 가르는 갈림길은 바로 '수행'(修行)이다. 기신론에서 "수행을 통해 상념을 떠나 진여로 돌아간다"는 의미를 파악하기 위해서는 우리가 사는 세상을 되짚어 봐야 한다. 그리고 그 삶 속에서 이루어지는 교육의 의미를 되새겨 봐야 한다. 여기서 염법훈습과 정법훈습은 기신론 첫 머리에서 제시한 이문불상리(二門不相離)를 달리 표현한 것에 불과하다. 나아가 기신론에서는 마음의 체(體)인 본성과 마음의 용(用)인 수행 간의 관계를 소위 '보배 구슬 비유'(摩尼譬喩)를 통해 다음과 같이 설명하고 있다.

'마니'라는 큰 구슬은 원래 맑고 깨끗한 성질(體性)을 가지고 있지만 흙과 먼지로 때가 끼어 있다. 만약 사람이 그 구슬의 원래의 성질만을 생각하고 그리워하면서 여러 가지 방편으로 갈고 닦고 하지 않는다면 원래의 그 깨끗한 성질이 나타나지 않을 것이다. 중생의 마음도 이와 마찬가지다. 진여는 원래 맑고 깨끗한 성질을 가지고 있지만 끝

29) 熏習義者 如世間衣服 實無於香 若人以香 而熏習故 則有香氣 此亦如是 眞如淨法 實無於染 但以無明 而熏習故 則有染相 無明染法 實無淨業 但以眞如 以熏習故 則有淨用(大乘起信論, 36).

> 없는 번뇌로 물들고 때가 끼어서 여러 가지 방편으로 오랫동안 수행(즉, 熏修)하지 않으면 원래의 그 깨끗한 성질이 나타나지 않는다. 그 때가 온 누리에 구석구석 퍼져 있는 만큼, 선행도 온 누리에 걸쳐 이루어져야 그것을 벗길 수 있다. 그리하여 사람이 모든 착한 일을 열심히 행하면 자신도 모르는 사이에(自然) 진여로 돌아가게 된다(이홍우, 2006, p.165).

위의 인용에서 보듯 인간의 본성은 우리의 일상적 지력으로는 해명하기 어려운 신비스러운 의미가 깃들어 있다. 기신론에 의하면, 우리의 삶은 때를 묻히는 일과 때를 벗기는 일을 동시에 해야 하는, 또는 "때를 벗기는 일은 때를 묻히는 동안에 할 수밖에 없는 그런 삶"(이홍우, 2006, p.169)이다. 따라서 우리는 기신론을 통해서 "상념을 일으키는 일(起)이 어떻게 상념을 없애는 일(滅)로도 될 수 있는가"를 알아내야 한다. 이를 위해서 기신론의 해석분에 이어 거론되는 수행신심분(修行信心分)에 각별히 유의하지 않으면 안 된다. 기신론의 입장에서 교육을 보면, 교육의 과정은 수행(修行)의 과정이다. 기신론에는 수행의 과정으로서 믿음의 단계가 세 가지 발심(發心)으로 나아간다. 즉, 그것은 '믿음을 이루는 발심'(信成就發心), '이해와 실천의 발심(解行發心), 그리고 '증득의 발심'(證發心)이다. 소위 '신해행증'(信解行證)으로 요약된다.

이 세 가지 발심이 단계로 이어지지만, 그 단계는 특별한 의미를 지닌다. 여기서 증득(證得)이 마지막 단계의 완성을 나타낸다는 것은 곧 앞의 두 단계(즉, 信成就發心과 解行發心)가 그것을 '이행되지 않는 약속'으로 갖추고 있다는 뜻이다. 화엄사상에 의하면, 깨달음에는 해오(解悟)와 증오(證悟)의 두 종류가 있다. 지눌(知訥; 1158-1210)은 이 두 가지의 차이에 대해 "해오(解悟)는 성상(性相; 즉, 인간 심성의 본래 모습)을 분명히 이해하는 것이고, 증오(證悟)는 마음이 신비의 극치를 이룸을 말한다."(一者解悟 謂明瞭性相 二者證悟 謂心操玄極)고 했다(길희성, 2006, p.144).[30] 기신론에는 "신심이 성취되어 발심을 얻은 사람은 정정취(正定聚)에 들어 마침내 결코 퇴전하지 않는다"(信心成就得發心者 入正定聚 畢竟不退)고 했다. 즉, 기신론에서 '올바른 믿음'은 결코 뒤로 물러서지 않는 불퇴전(不退轉)의 믿음이다. 이 '믿음'(信)은 중생인 자기 자신의 실존적 모습과 부처의 사이에 존재하는 엄청난 간격을 뛰어넘어야 하는 용기와 결단을 요구한다. 어쩌면 기신론의 중심 주제는 여차하면 변할 수 있는 믿음(즉, 退信)을 어떻게 하면 결코 뒤로 물러서지 않는 믿음(즉, 不退信)으로 바꾸느냐는 것이다. 그래서 올바른 믿음(信)에서 닦음(行)과 깨침(證)은 따로 떼어 놓을 수 없는(不二) 또 하나의 중층구조이다. 일찍이 원효는 기신론에서 믿음(信), 닦음(修行), 깨침(覺)은 불가분의 핵심 주제라고 했다. 필자가 보기에 기신론에서 '중생이 곧 부처'라는 믿음은 특수교육의 가능성을 형이상학적 차원에서 감동적으로 보여주고, 닦음(修行)의 주제는 (특수)교육의 필요성을 극명하게 드러내 주고 있다.

불학의 수행론과 특수교육론

여기서 필자는 불학에서 수행의 단계로서 제기한 '신해행증'(信解行證), 즉 믿음을 이루는 발심(信成就發心)에서 이해와 실천의 발심(解行發心)으로, 그리고 증득의 발심(證發心)으로 나아가는 과정과 유학에서 제기한 박학(博學)-심문(審問)-신사(愼思)-명변(明辯)-독행(篤行)의 과정은 수행(修行)의 과정에 대

30) 길희성 (2006). **지눌의 선사상**. 서울: 소나무.

한 불학과 유학의 입장을 각각 대변하는 것으로 본다. 불학과 유학에서 수행(수양)의 과정은 곧 교육의 과정이다. 우선 불학에서는 해오(解悟)에 앞서 믿음(信)의 문제를 내세우는 것이 유학과 판이하게 다르다. 이를테면 유학에서 '박학-심문-신사-명변'의 과정은 불학의 '해오'(解悟)에 대응하는 것으로 본다면, 불학은 유학에서 수행과정과는 달리 그 출발점을 믿음(信)에서 잡아 그 믿음을 확연히 증득(證得)하는 것으로 끝난다. 불교에서는 '믿음(信)을 이루는 발심'에서 '이해와 실천(解行)의 발심'으로 나아가는 데에만 해도 1만 겁(劫)이 걸리는 것으로 되어 있다. 그만큼 수행의 과정은 그 끝이 없다는 의미일 것이다.

기신론의 보배 구슬 비유(摩尼譬喩)에서는 하늘의 명령으로 인간에게 부여된 본성(本性)과 수행(修行)의 관계를 잘 나타내고 있다. 즉, 인간은 누구나 황금덩이 같은 보배 구슬을 지니고 있지만, 그 구슬에 낀 때와 먼지를 걷어내는 일(修行)을 하지 않고는 결코 보배가 보배로서의 빛을 발할 수가 없다. 기신론에서는 수행과 같은 의미의 외연(外緣)으로서 '방편'(方便)을 논하고 있다. 기신론 전체를 통해 가장 많이 등장하는 개념은 '진여'와 함께 '방편'이라는 개념이다. 필자가 이해하기로는 기신론에서 '修行'은 교육의 과정이고, '方便'은 교육의 도구적 절차로서 교수-학습의 과정이다. 불학에서 보는 특수교육은 장애아동을 위한 특별한 '방편'(方便)교육에 다름 아니다.

모든 존재와 현상에는 반드시 '내적 원인'(因)과 '외적 계기'(緣)가 있기 마련이다. 이 양자가 서로 만나 모두 갖추어 질 때(具足) 결과가 산출된다. 만남은 교육에 선행한다. 나무가 타는 성질을 가지고 있지만 누군가 불붙이는 계기를 만들어주지 않으면 안 된다. 마찬가지로 모든 인간은 내적 원인으로서 훈습의 힘을 지니고 있지만, 누구인가 먼저 '깨달은 자'(즉, 교사)를 만나 자신의 '선지식'(善知識)을 발동시키는 일을 하지 않고는 결코 지혜의 길(淨法)로 들어설 수 없다. 비록 학생에게 '훈습'으로서 학습의 힘이 있는 것은 사실이지만(雖有正因熏習之力), 깨달은 자를 만나서 그것을 '계기'로 활용하지 않으면 그 힘이 제대로 작동되지 않는다.

기신론에 의하면 학생의 편에서 본 학습 가능성도 무한하지만, 교사의 편에서 학생에게 주는 영향 또한 막중하다. 기신론에서 '진여의 기능에 의한 훈습'(즉, 用熏習)은 위에서 인용한 '외적 계기'(즉, 外緣)에 해당한다. 이것은 학습자가 깨달음을 얻기 위해서는 외연(外緣)으로서 '깨달은 자'인 교사를 만남으로써 실현된다. 기신론에서는 훈습의 외적 계기를 크게 차별연(差別緣)과 평등연(平等緣)으로 구분하여 다음과 같이 기술하고 있다.

> 훈습의 외적 계기가 될 수 있는 것은 무수히 많지만, 그것을 크게 '특수적 사태로 파악되는 계기'(差別緣)와 '일반적 의미로 파악되는 계기'(平等緣)의 두 가지로 구분할 수 있다. 특수적 사태로 파악되는 차별연(差別緣)이라는 것은 사람이 처음 뜻을 세워 구도(求道)를 시작한 이후 깨달음을 얻을 때까지 '깨달은 자'와 수행자의 모습을 여러 가지 사태와 관계에서 만나게 된다는 것을 가리킨다. ...(중략) 그 모습이 때로는 '네 가지 교육적 자세'인 4섭(四攝)으로 나타난다. ...(중략) 일반적 의미로 파악되는 평등연(平等緣)이라는 것은 모든 '깨달은 자'와 수행자가 다 같이 모든 중생을 괴로움에서 건지고자 하는 소망을 가지고 있다는 것을 가리킨다. 이 소망을 가지고 있기 때문에 그들은 자신의 존재 양식을 통하여(自然) 중생에게 끊임없는 훈습을 일으킨다. 그들은 중생과 다름없는 한 가지 지혜를 가지고 있으며, 중생은 그들에게서 그 지혜가 발휘되는 것을 보고 듣는다. 그리하여 이른바 '진여에의 몰입'(三昧)에 들어갔을 때 모든 중생이 다 같이 보게 되는 것은 바로 그 한 가지 '깨달은 자'의 모습이다(이홍우, 2006, pp.388-389).[31]

위에서 특수적 사태로 파악되는 차별연(差別緣)은 인간이 교육을 받는 삶의 과정(즉, 求道의 과정)에서 여러 가지 사태와 관계에서 사람(교사)들을 만나게 되는데, 그 모습이 대개는 네 가지 교육적 자세인 사섭(四攝)으로 나타난다. 사섭(四攝)은 가르침을 베푸는 포시(布施), 친절한 말로 격려하는 애어(愛語), 올바른 행동으로 이끄는 이행(利行), 그리고 상대방(학생)과 동일한 수준에서 함께 임하는 동사(同事)를 가리킨다. 이 네 가지 교육적 자세 가운데 마지막의 학생과 더불어 동일한 수준에서 소통하는 '동사'(同事)는 특수교육 교사에게 요구되는 교육적 자세를 깎아지른 듯 함축하고 있다. 학생은 교사와 어떤 사태에서 어떤 관계로 만나느냐에 따라 운명이 결정된다.

실증적으로 학생의 학습능력 내지는 학업성취를 결정하는 주요 변수를 밝히기 위한 연구는 지금까지 무수히 수행되어 왔다. 일찍이 Walberg(1984)[32]는 학생들의 학습에 영향을 미치는 가장 강력한 변인들을 확인하기 위하여 수천의 관련연구들을 분석하였다. 이 분석결과를 종합하여 그는 그 변인들을 크게 학생(적성) 변인, 교사(수업)변인, 환경(가정)변인들로 대별해서 제시했다. 비슷한 무렵에 Bloom(1984)[33]은 교사의 수업변인에 깊은 관심을 가지고 학생들의 학습능력을 분석해 본 결과, 전통적 수업방식

---

31) 如是外緣 有無量義 略說二種 云何爲二 一者差別緣 二者平等緣 差別緣者 此人依於 諸佛菩薩等 從初發意 始求道時 乃至得佛 於中若見若念...(中略)或起四攝...(中略)平等緣者 一切諸佛菩薩 皆願度脫 一切衆生 自然熏習 恒常不捨 以同體智力故 隨應見聞 而現作業 所謂衆生 以依三昧 乃得平等 見諸佛故(大乘起信論, 40).

32) Walberg, H. (1984). "Improving the productivity of America's Schools." *Educatioal Leadership, 41*(8), 19–30.

33) Bloom, B. (1984). "The 2 sigma problem: The search for methods of group instruction as effective as one-to-one tutoring." *Educational Researcher, 13*(6), 4–16.

에 비해 완전학습(mastery learning)은 표준편차 1 sigma, 즉 학급에서 50퍼센타일 수준의 학생을 84퍼센타일 수준으로 끌어올리는 효과가 있었으며, 일대일 개별수업(tutorial procedures)에서는 소위 '2-sigma'의 효과로서 98퍼센타일 수준까지 끌어올리는 놀라운 변화를 가져 온 것으로 보고하고 있다. 여기서 Bloom은 단지 수업방법 중심으로 학습효과를 논하고 있으나, 더욱 중요한 것은 그 수업을 운영하는 교사변인이다.

불학의 특수교육 교사론

특수아동을 포함해서 자라나는 학생들의 학습(훈습)의 힘에서 가장 강력한 외연(外緣)은 뭐니 해도 교사다. 기신론에서는 교사-학생의 만남이 수직적인 것이 아니라 수평적(소통적)이어야 함을 '평등연'(平等緣)의 개념에서 분명하게 드러내고 있다. '평등연'이라는 것은 깨달은 자로서 교사는 모든 중생인 학생을 구도(求道)의 길로 들게 하는 소망을 함께 지니는 운명적인 관계(緣)에 있다는 것이다. 이런 교사의 존재 양식은 자연히 학생에게 끊임없는 학습을 자극하기 마련이다. 교사들에 의해 발휘되는 지혜를 보고 듣는 동안에 학생들은 '진여에 몰입'하게 된다. 그렇게 하는 동안 교사-학생은 '동사'(同事)에 임하게 되고, 바로 그 한 가지 '깨달은 자'의 모습을 띤다. 그들에게는 삶이 곧 수행이고, 그들의 삶은 '진여에 의한 진여의 훈습'으로 이어진다. 그러기 위해 무엇보다 교사는 곧 '진여의 화신'(즉, 法身)이어야 한다.

학생에게 '진여의 화신(化身)'이기 위해 교사는 어떻게 살아야 하는가? 어찌 보면 기신론은 결국 '삶의 논술'이고, 인간의 삶을 가장 근본적인 수준에서 기술하고 있다. 불교의 자리행(自利行)과 이타행(利他行)은 교사의 삶과 연관해서 중요한 시사를 준다. 불교의 수행 방법 중에서 시문(施門)은 이타행의 전형적 형태이며, 지관문(止觀門)[34]은 자리행의 전형적 형태이다. 일상적으로 '이타'(利他)에 대비되는 것은 '이기'(利己)이지만, 불교수행에서는 '利己' 대신에 '自利'로 명명한다. 흔히 '이기'는 다른 사람에게 해를 끼치면서까지 자신을 이롭게 하는 것인 반면에, '자리'는 다른 사람과의 관계를 개입시키지 않고 스스로(혹은 내면적으로) 자신을 이롭게 하는 것이다.

이홍우(2006)는 불교의 지관문(止觀門) 수행은 종교와 교육의 차이를 감안한다면, 그 내용에 있어 학교의 교과 공부와 다름이 없다면서 "불교의 지관문 수행은 교과 공부를 종교적 수행의 형태로 정련한 것에 해당한다."(이홍우, 2006, p.247)고 보았다. 이에 대한 그의 말을 직접 들어보자.

> 지관문 수행과 교과 공부는 다같이 '心性涵養' 심성함양- 즉, 학문과 도덕, 예술과 종교에 가능한 한 깊이 입문함으로써 그 이면에 들어있는 심성을 우리 자신의 것으로 만드는 데에 목적을 두고 있습니다. 그렇기 때문에 자리적(自利的)삶은 간단하게 말하여 '교과를 공부하면서 사는 삶'- 즉, 교과를 공부하는 것-을 가리킨다고 말할 수 있습니다(이홍우, 2006, p.248).

따라서 교사에게 전형적인 '자리적 삶'(自利行)은 바로 '교과적 삶'이다. 앞에서 진여의 화신(化身)으로서 교사는 무엇보다

34) 止觀門에서 그침(止)은 '상념의 정지'이고 살핌(觀)은 '진여에의 직관'이다. 이 '상념의 정지'에는 '진여에의 직관'이라는 결과가 예고되어 있기에 '止觀雙修'라고 한다. 이홍우는 止觀門 수행은 흔히 眞善美聖으로 대표되는 학문과 도덕, 예술과 종교에 될 수 있는 한 깊이 입문하는 것을 뜻하는 것으로 풀이하고 있다(이홍우, 2006, pp.196-207).

교과를 자기 삶으로 체화(體化)하고 내면화(內面化)한 사람이다. 그리고 (특수)교사는 교과를 가르치는 동안 (장애)학생과 동사(同事)에 임해야 한다. 교사 자신을 향한 '자리행'(自利行)은 마침내 학생을 향한 가장 확실한 '이타행'(利他行)이 된다. 즉, 교사의 '마음 안의 공덕'이 곧 학생을 향한 '바깥의 공덕'과 직교(直交)하면서 겹친다. 그러는 동안 교사-학생의 관계는 평등연(平等緣)으로 이어진다. 이홍우(2006)는 성직자와 교사의 자리적(自利的) 삶에 들어 있는 이타적 측면은 그들이 가능한 한 자리적 삶을 사는 것 이외의 다른 방식으로는 실현될 수 없다면서, "그들이(즉, 성직자와 교사) 자리적 삶을 충실히 살 때 비로소, 그리고 그 정도만큼, 다른 사람(학생)들도 자리적 삶을 살게 될 것"(이홍우, 2006, p.255)이라고 했다. 그래서 우리의 삶은 여래(如來)와 중생이 함께 타고 있는 '큰 수레'(大乘) 바로 그것이 된다.

이홍우(2006)는 기신론통석의 말미에 "교육이론으로서의 대승기신론"(이홍우, 2006, pp.499-539)을 따로(역자 해설로) 논의하면서, 사실상 진여의 세계에서 온 여래와 교사의 비유는 그다지 황당무계한 것이 아니라고 말한다.

> 학생에게 교사는 거의 중생에게 여래가 나타내는 것에 해당하는 절대적인 권위를 가진 존재로 비친다. 이것을 사실로서 받아들일 수 없는 교사는 교사로서의 자질을 갖추었다고 말하기 어렵다. 그리하여 교사는 '중생을 자신과 동일한 존재로 생각하면서도 그 자신이 중생과 동일한 존재로 되지 않는'(取一切衆生 如己身故 而亦不取衆生相, 大乘起信論 45) 바로 그 여래의 모습을 띤다(이홍우, 2006, pp.537-538).

전통적으로 교직은 성직(聖職)으로 분류되어 왔다. 실제로, 특수교육에서 세계 최초의 농교육 실천 선구자는 모두 성직자였다.

이를테면, 16, 7세기에 세계 최초로 농교육을 실천한 스페인의 Ponce de Leon(1520-1548)과 Juan Pablo Bonet(1579-1633)은 모두 당대의 존경받는 성직자였다. 이런 의미에서 특수교육에서 종교와 교육은 당초부터 밀접했다. 그럼에도 필자는 특수교육교사가 은근히 '천사 대접' 받는 유혹에 빠지는 것을 경계해야 한다고 했다. 이것은 특수교육을 보육(caring)으로 격하하는 것을 경계하기 위함이었고, 그런 함정에 특수교육교사가 쉽게 빠지지 말아야 한다는 의미였다. 그러나 특수교육교사가 성직(聖職)으로서 교직에 임하기 위해서는 하늘의 명령을 지상에 충실히 중재하는 사자(使者)로서 그 사명을 겸허히 수행하는 진짜 '천사'(天使)가 되지 않으면 안 된다.

특수교육교사가 이런 사자로서 교직에 임하기 위해서는 스스로 "내면으로부터의 가르침"(Palmer, 1998)[35]에 자신을 정직하게 투영하지 않으면 안 된다. Palmer(1998)는 교사들이 당면하는 문제의 어려움으로 가르치는 교과의 복잡성과 가르치는 학생들의 다양성을 들면서, 이 두 가지 문제도 퍽 어렵지만(솔로몬과 프로이드의 지혜를 합친 만큼이나) 이보다 더욱 근본적인 어려움은 모름지기 교사는 부단히 내면으로보터 자신을 가르치는 일에 얼마나 충실하느냐에 있다고 했다. 그에 의하면 가르침은 기법이 아니라 교사의 '가슴'(heart of a teacher)이다. 따라서 교사론에 대한 그의 관심사는 "교사의 삶이 지닌 내면 풍경을 살펴보는 것"이다. 필자가 보기에 근본적인 의미에서 Palmer의 「가르칠 수 있는 용기」(The Courage to Teaching, 1998)에 반영된 교사론은 기신론이 함의하는 교사론과 다르지 않다.

---

35) Palmer, P. J. (1998). *The Courage to Teaching.* 이종인, 이은정 옮김 (2009). **가르칠 수 있는 용기**. 서울: 한문화.

기신론에 의하면, 교사는 학생과 동일한 존재이면서 동시에 동일하지 않은 존재이다. 교과를 가르치는 동안 교사는 학생에 비하여 더 충실히 교과를 구현하는 존재이면서, 동시에 교사는 학생과 마찬가지로 교과를 공부하는 동사(同事)에 임해야 한다. 현실적으로 어떤 특수교육교사도 천사가 아닐뿐더러 장애아동과 '평등연'(平等緣)을 완벽하게 유지하지는 못한다. 그러나 특수교육교사는 장애아동과 그런 연기(緣起)의 끈을 놓지 않으려고 끊임없이 자신을 되돌아보는(返照)[36]사람이어야 한다. 이것이 특수교육에 몸담고 있는 교사의 삶의 모습이자 운명이다. 그래서 특수한 교육적 요구를 지닌 아동을 가르치는 특수교육교사는 '교사 중의 교사'이어야 한다. 그래야 특수교육은 '교육 중의 교육'으로 우뚝 선다.

불학의 (특수)교육론적 비의성(秘義性)

필자가 보기에 앞 장에서 논의한 유학의 특수교육론에 비해 불학의 특수교육론은 훨씬 감동적일뿐더러 신비롭기 조차하다. 이를테면 불학의 선(禪)교육에는 '줄탁동시'(啐啄同時)라는 말이 있다. 김충열(2007)[37] 교수가 인용한 '줄탁동시' 라는 말의 해석을 직접 들어 보자.

어미 닭이 알을 품고 부화되기를 기다린다. 달걀 속에 병아리는 부

36) 여기서 '返照'라는 말은 지눌이 즐겨 쓰던 것으로 "빛을 되돌려서 자기 마음을 비춘다"(廻光返照)는 뜻이다. 지눌에 의하면, 返照란 외적 상(相)과 색(色)에 휘둘리지 말라는 것, 단지 相만을 좇아 외부 세계를 향해 치닫지 말라는 것을 뜻한다(길희성, 2006, p.140).

37) 김충열 (2007). **김충열 교수의 중용 · 대학강의**. 서울: 예문서원.

화할 때가 되면 어미 닭에게 내가 밖으로 나가려고 하는데 어려움이 있으니 도와달라는 신호를 보낸다. 이 때 어미 닭은 이 신호를 정확히 전달 받아 알을 콕콕 쪼아 병아리를 돕는다. 그런데 문제는 병아리의 신호와 어미 닭의 응답이 동시에 진행되어야 한다는 것이다. '줄'(啐)은 병아리의 신호요, '탁'(啄)은 어미 닭의 파각(破却)이다. 만일 '줄'의 신호가 있었는데도 제때 탁(啄)이 이루어지지 않으면 병아리는 부화(孵化)하지 못하고 죽는다. ...(중략) 그러므로 '동시'(同時)라는 계기는 사활이 걸려 있는 문제라고 하지 않을 수 없다. 말로는 쉽지만 실제로 얼마나 어려운 문제겠는가? 아마도 이론 중에서 가장 어려운 이론이 교육이론이 아닐까 한다(김충열, 2007, p.191).

어찌 '줄탁동시'가 선(禪)교육에만 해당되겠는가? 국립특수교육원 벽에 이 말이 걸려 있다고 들었다. 윗글에서 김충열 교수는 "이론 중에서 가장 어려운 이론이 교육이론이 아닐까"라고 했는데, 아마도 이론대로 실천하기가 가장 어려운 것이 교육이라는 의미로 읽어야 할 것 같다. 교육 중에도 가장 어려운 교육이 특수교육이기에 '줄탁동시'는 더욱 절실한 난제로 다가온다. 여기서 '동시'(同時)라는 계기는 사활이 걸린 문제이다. 특수교육을 비롯해서 모든 교육은 곧 '사활'(死活)이 걸린 문제로 인식되어야 한다. 여기서 죽고 사는 것의 당사자는 곧 학습자이지만, 다른 한편에서 그 사활의 열쇠는 교사의 손에 쥐어져 있다. 서양 속담에 "가르친다는 것은 누군가의 평생을 터치하는 일이다"(To teach is to touch someone's life forever)는 말이 있다. 불학에서 '줄탁동시'와 '동사'는 교육본질을 절묘하게 반영하는 언어의 극치이지만, 함부로 운위(云謂)할 수 없는 무서운 말이다. 이런 경우에 대비해서 우리는 '언어도단'(言語道斷)이라는 말을 쓴다.

필자는 불학의 특수교육론은 한 마디로 장애아동을 위한 특별한 방편(方便)교육으로 규정할 수 있다고 했다. 교사로서 붓다는 바로 '방편'(方便)의 기재(奇才)다. 붓다의 제자 중에 출라판타카라(周利槃特)라는 심한 지적장애(intellectual disabilities)인이 있었는데, 붓다는 여러 제자들에게 그의 교육을 당부하였으나, 너무 바보여서 모두가 그를 가르칠 수 없다고 포기했다. 이를 본 붓다가 그를 불러 "마당을 쓸고 방을 닦는 일을 할 수 있느냐?"면서, 너는 앞으로 마당을 쓸고 방을 닦으며 "먼지를 털고 때를 닦아라"면서 늘 외거라 했다. 그러나 출라판타카라는 이 간단한 글귀조차도 외지 못했다.

그 후 붓다는 제자들을 모아놓고 출라판타카라를 만날 때마다 '먼지를 털고 때를 닦아라'고 하는 말을 해주도록 했다. 그는 매일 먼지를 털고 때를 닦는 일을 하면서 이 말을 외어 마침내 이것을 꿰뚫어 알게 되었다. 이렇게 출라판타카라는 매일 청소를 하듯이 마음을 닦아 마침내 깨달음을 얻었다는 것이다. 이것은 모두가 포기한 지적장애인에게까지 붓다는 자상하게 깨달음으로 인도 했다는 실화이다. 즉, 이것은 인류의 위대한 교사로서 붓다가 지적장애인에게 '희망의 특수교육'을 입증해 준 생생한 사례다. 이것은 또한 특수교육을 종교의 차원으로 끌어 올린 하나의 전범(典範)이다. 그리고 특별한 '방편'으로서의 특수교육 실천 사례다. 일본에서는 최근 특수교육을 '특별지원교육'으로 개칭했다는 데, 불학의 입장에서 특수교육을 작명(作名)하면 '특별방편교육'으로 불러도 좋을 것이다.

하지만 붓다의 가르침에 의하면 '방편'(方便)은 강을 건넌 다음에는 뗏목처럼 버리고 가야한다. 깨친 다음에는 타고 온 사다리마저 걷어차라고 가르치는 게 불학이다. 이 대목에서 불학의 (특수)교육론과 유학의 (특수)교육론 간에는 건널 수 없는 강이 흐르고 있다는 생각이 든다. 정말 그런가? 그 답은 공자와 붓다에게 바로 물어 봐야 안다. 두 분의 대답이 궁금하다. 유학에서

'지성'(至誠), 즉 성(誠)의 철학은 계속 사다리를 타고 쉼 없이 (즉, 至誠無息) 올라가는 것을 강조한다. 그래서 도(道)는 잠시도 나를 떠날 수 없는 것이라 했다. 그러나 붓다가 자신이 가르친 법도(法道) 마저도 버리라고 한 것은 그 법도를 초월한 대자유의 길을 우리에게 터놓은 것이다. 불학의 대자유와 대평등이 갖는 (특수)교육적 함의는 참으로 감동적이다. 그리고 그 교육의 심층은 다분히 비의적(秘義的)이다.

4. 프로테스탄티즘의 한국특수교육론

우리나라에 프로테스탄티즘이 도래하기 훨씬 이전 그 전사(前史)로 우리는 경교(景敎)의 흔적에 주목할 필요가 있다. 7세기 중엽 당나라에 들어와 중국에서 한동안 크게 번성한 네스토리우스(Nestorius)파는 '경교'(景敎)[38]로 한반도에 전래되었던 것으로 전해진다. 최근 최상한(2012)[39]은 고대 이래로 한반도에 전래된 기독교를 찾아 나섰다. 그는 「불국사에서 만난 예수」(2012) 서문에서 이렇게 적고 있다.

> 조선, 고려, 발해, 신라 순으로 역사를 거슬러 올라가면서 한국 그리스도교의 전래를 살펴보았다. 조선 지식인과 민중들이 예수를 만나고, 고려인들이 십자가 군대를 목격하고, 개성에는 조지라는 그리스도교인이 살았다. 발해 사람들은 보살에게 십자가 목걸이를 걸어주고, 신라인들은 불국사와 석굴암에 그리스도교 문화를 남겼다. 이 책을 통해서 필자는 조선시대부터 남북국시대까지 그리스도교의 끈질긴 생명력이 한반도 땅에 살아있었음을 확인하고자 한다(최상한, 2012, p.6).

---

38) '경교'(景敎)는 5세기 말 로마교황청으로부터 이단으로 밀려난 네스토리우스(Nestorius)파로 파사교(波斯敎), 대진교(大秦敎), 대진경교(大秦景敎) 등으로 불렸다. 네스토리안교는 서방 그리스도교에 의해 이단으로 낙인 찍혀 소외되어 왔으나, 네스토리우스(AD 386-451)의 사후에 그를 추종하는 자들에 의해 동방 그리스도교의 주요 교파로 성장해 왔다.

39) 최상한 (2012). **불국사에서 만난 예수**. 서울: 돌베개.

놀랍다. 흔히 우리는 천주교의 공식도래를 1784년으로, 개신교(프로테스탄트)의 도래를 1885년으로 잡는 것을 정설(定說)로 삼아 왔다.

기독교의 전래기원과 수용과정

실크로드를 통해 7세기 이전부터 중국에 '빛나는 종교'라는 뜻의 경교(景敎)로 불리는 그리스도교가 전파되었다면, 중국문명과 밀접한 교류를 해온 한반도에도 기독교가 들어왔을 개연성은 아주 높다. 그래서 최상한(2012)은 불교, 유교, 이슬람교 모두가 실크로드를 타고 중국을 거쳐 한반도에 전래되었는데, 유독 기독교만 유입되지 않았다면 이는 모순이라 했다. 그는 불국사에서 7-8세기 유물로 보이는 돌 십자가상과 마리아 상이 발굴된 것, 남한산성에서 통일신라시대의 유물로 보이는 초대형 기와가 무더기로 출토(2009년 발굴)되었는데 그중에는 '천주'(天主)라는 한문이 새겨진 기와가 나온 것에 주목한다. 결국 이러한 유물들은 동방 그리스도교의 한반도 전래를 푸는 단서를 제공하는 것이다.

최상한(2012)은 동양인 예수의 소망이 서양 중심적 사고로 종교화되면서 동방으로 갔던 네스토리안교가 서방 그리스도교에 의해 핍박 받아야 했던 역사를 환기 시키면서, 다음과 같이 기술하고 있다.

> 신라와 발해가 불교와 그리스도교를 융합했다면, 오늘날 한국 개신교는 미국 개신교를 받아들이면서 김치 냄새 나는 그리스도교가 아니라 버터 냄새 풍기는 교회로 변해 가고 있다. 시대에 따라 종교는 변화한다. 힘 있는 종교가 힘없는 종교를 흡수한 예는 역사를 통해 충분히

> 확인할 수 있다. 지금의 한국 개신교 또한 미국화 되면서 교회의 '소망'은 천국에 있는 것이 아니라 '자본'에 있는 것처럼 혼동하고 있다. 소망과 자본이 일치하는 교회는 예수의 소망이 있는 교회가 아니라 부와 탐욕을 숭배하는 맘몬(Mammon) 교회이다(최상한, 2012, p.398).

그는 오늘날 맘몬 교회가 작은 교회를 무시하고 타 종교를 우상으로 몰아붙이고, 교리가 다르면 이단시하는 것처럼 일찍이 동방의 네스토리안교는 오랜 세월동안 서양 중심적 사고로 말미암아 이단의 굴레에서 벗어날 수 없었음을 환기 시킨다. 이것은 미국 중심의 한국 프로테스탄티즘에 대한 역사적 성찰의 경고이기도 하다.

하나의 학문적 관심으로 서학(西學)이 우리나라에 들어오는 과정에서 주체적으로 기독교를 수용하고자 한 우리 선조들의 노력이 돋보인다. 도올 김용옥(金容沃; 2007)[40]은 '한국 성서수용의 주체적 역사'에서 우리 민족이 처음부터 주체적으로 기독교를 수용한 사실을 다음과 같이 기술하고 있다.

> 한국의 기독교사에서 우리가 가장 주목해야 할 세계사적 사실은 우리민족은 선교를 당한 것이 아니라, 우리민족 스스로 주체적으로, 능동적으로 기독교를 수용하였다는 것이다. 외국 선교사들이 조선선교에 눈독을 들이기도 전에, 아무도 기독교가 무엇인지, 어떤 것인지도 모를 때에, 조선왕조의 유술독존(儒術獨尊)의 성리학 일색의 빈곤한 사상풍토에서 억눌린 남인(南人)들이 주축이 되어 스스로 『천주실의』(天主實義) 『교우론』(交友論) 『칠극』(七克) 『성리진전』(性理眞詮) 등 밀반입된 기독교 서적을 보면서, 스스로 깨우치고, 스스로 주일을 제정하고, 스스로 계율을 만들고, 스스로 교리에 의한 새로운 우주와 가치관을 탐색하고 실천하였던 것이다(김용옥, 2007, p.14).

---

40) 김용옥 (2007). **요한복음강해**. 서울: 통나무.

이처럼 권력 실세에서 물러난 남인계열의 지식인들은 18세기에 서학(西學)이라는 이름으로 기독교에 능동적으로 관심을 가지기 시작했다. 그들은 밀반입된 기독교 서적 '천주실의'(天主實義) 등을 독파하고 스스로 깨우쳐 기독교 교리를 실천했던 것이다. 사실 마테오 리치(M. Ricci)의 '天主實義'는 유교적인 용어를 바탕으로 대담하게 기독교 교리를 해석한 것으로 평가되고 있다(정대위, 1986)[41]. 그래서 리치는 "유교야 말로 모든 종교들 가운데 가장 순수한 자연종교였다"고 했으며, 나아가 그의 동료인 꽁뜨(Le Comte)는 "유교는 '하느님이 맨 처음 사람들에게 계시한 첫 진리'를 소유한 것으로 격찬했다(정대위, 1986).

그래서 정대위(1986)는 "18세기 후반에 천주교가 한국에 들어올 때에도 그랬고, 19세기 말에 개신교가 들어올 때에도 많은 한국인들은 선교사에게 직접 선교를 받지 않고 다만 그리스도교의 문서들을 읽음으로써 그리스도교에 대한 그들의 이해를 깊이 할 수 있었을 뿐 아니라 그들 가운데 얼마는 그들 자신을 스스로 그리스도교로 만들 수도 있었다(정대위, 1986, p.30)."고 했다. 이런 측면에서 그는 그리스도교와 유교의 유사성에 주목하고 있다.

그러나 19세기에 접어들며 신유교난(辛酉教難; 1800-1801)을 비롯해서 병인(丙寅)교난(1866-1871)에 이르기까지 서교(西教)는 우리나라에서 가혹한 박해(迫害)를 받기에 이른다. 유홍렬은 「한국천주교회사」(1962)[42]에서 우리나라 천주교 박해의 이유를 이렇게 적고 있다.

> 이들 네 큰 박해(즉, 신유교난, 기해교난, 병오교난, 병인교난)의 표면상 이유는 조상의 신주(神主)를 모시지 않고 제사를 드리지 않는

41) 정대위 (1986). **그리스도교와 동양인의 세계**. 서울: 한국신학연구소.
42) 유홍렬 (1962). **한국천주교회사**. 서울: 가톨릭출판사.

다는 데에 있었던 것이나, 사실상의 이유는 정권을 탐내던 무리들이 그 반대파를 내모는 방법의 하나로서 천주교 신자들을 먼저 탄압한데 있었던 것이다. 조선 천주교회가 창설되던 때에는 글을 좋아하던 시파(時派)의 임금 정조(正祖)가 자리에 있었으므로 그리 큰 박해는 일어나지 않았었다. 따라서 1795년에는 중국인 신부 주문모(周文謨)가 들어와 전교하게 되고, 그 결과 1만여 명의 신자를 얻게 되었다. 그러던 중 1800년에 정조가 죽고 11세의 어린 아들 순조(純祖)가 자리에 오르게 되니, 순조의 계증조모(繼曾祖母)이며 벽파(僻派) 김구주의 누이인 김대왕대비가 정권을 잡고 시파에 가까웠던 천주교 신자들을 박해하기 시작하여, 이른바 신유교난을 일으키게 되었다(유홍렬, 1962, pp.10-11).

기록에 의하면, 1801년 2월에 대왕대비 정순왕후 김씨가 천주교 신자들을 역적으로 다스리고 오가작통법(五家作統法)을 시행하여 신자들을 색출·처벌하라는 금고령(禁錮令)을 내려 소위 신유박해(辛酉迫害)가 일어났다. 그 해 4월 정약종, 이승훈 등이 참수되고, 주문모 신부가 의금부에 자수해 새남터에서 효수되었다. 11월에는 황사영이 충청도 배론에서 체포되어 서소문 밖에서 능지처참되었다. 김훈의 「흑산」(黑山; 2011)[43]이라는 장편소설에는 대왕대비가 어린 임금(순조)을 대신해서 윤음을 내려 자신의 자교(慈敎)를 문서로 적게 해서 보낸 내용을 이렇게 묘사하고 있다.

아, 팔도의 역참들아 나의 이 뜻을 먼 섬에까지 전하라. 날랜 기발(騎撥)들을 보내 밤새워 달리게 하라. 말마다 방울을 세 개씩 달아서 연도의 백성들이 모두 알게 하라. ...(중략) 저 굶주리는 백성들 사이에 사학의 요설이 들불처럼 퍼져서 군왕을 능멸하고 신주를 불살라서 제사를 폐하고 허환(虛幻)에 씌어서 삶과 죽음을 구분하지 못하고 미친 듯 취한 듯 울부짖고 서캐처럼 알을 까고 뱀처럼 감아서 한사코 죽을

43) 김훈 (2011). **흑산(黑山)**. 서울: 학고재.

> 자리로 몰려가고 있구나. ...(중략) 조상의 생명을 점지 받아 밭 갈고 거두는 땅에 태어난 자들이 어째서 삶을 하찮게 여기고 형륙을 받기를 잔칫상 받듯 하는가.
>
> ...(중략) 맞아 죽은 자들이 형륙을 받는 자리에 나와서 강변하기를 (조상 모시는) 신주는 나무토막이고 조상이 아니라고 하였다고 내가 들었다. 십자가는 어째서 나무토막이 아니며 신주는 나무토막인 것이냐. ...(중략) 너희 팔도의 감사와 수령들은 오가작통(五家作統)으로 백성을 엮어서 사학에 빠져서 무부무군하는 자들과 남을 끌어들인 자들과 알고도 고하지 않는 자들과 알면서 숨겨준 자들을 모조리 붙잡아서 형륙을 가하여 나라에 법 있음을 알리고 그 종자를 박멸하라(김훈, 2011, pp.121-126).

위와 같은 대비의 자교(慈敎)에 대해 일부 신료들이 군왕의 교설에 은밀한 위엄이 없고 말이 번다하여 듣잡기에 민망하다는 뜻을 아뢰었으나 대비는 글을 바꾸지 않았다고 한다. 대비가 방울 세 개 매단 깃발을 거듭 강조한 것은 그만큼 사태가 시급하고 걷잡을 수 없었음을 암시한다. 유홍렬(1962)은 천주교 박해가 조상 신주를 모시지 않고 제사를 폐기한 것에서 발단한 것은 표면상 이유에 불과한 것으로 평가 하였으나, 필자가 보기에 이것은 1500년 이상 이어져 온 삶의 질서이자 유교의 근간을 부정하는 치명적(혹은 무모한) 반기였다. 우리 민족의 문화적 전통과 의식의 뿌리를 정면으로 부정하는 서교(西敎)의 의례(儀禮)는 스스로 가혹한 박해를 초래한 면이 없지 않았다.

캐나다의 아시아학 전공 교수인 Baker는 「조선후기 유교와 천주교의 대립」(Confucianism Confronts Catholicism in the Late Choson Dynasty, 1997)[44]에서 조선의 성리학자들이 설

---

44) Baker, D. *Confucianism Confronts Catholicism in the Late Choson Dynasty.* 김세윤 역 (1997). **조선후기 유교와 천주교의 대립**. 서울: 일조각.

정한 형이상학적인 관심과 천주교의 신론(神論)이 정면으로 충돌할 수밖에 없는 이유를 체계적으로 분석했다. 그는 천주교가 조선후기에 가혹한 박해를 받은 원인을 정치적인 측면에서 보지 않고, 조선의 신유학과 천주교 교리간의 철학적·도덕적·종교적 관점에 따른 대립과 갈등의 필연성에서 찾고 있다. 이런 측면에서 베이커 교수는 국내 학자들이 견지해 온 천주교 박해에 대한 관점과는 달리 이데올로기적 갈등에 주목하고 있다. 게다가 천주교가 종교의 자유를 요구하면서 조선왕조의 전례(典禮) 헤게모니에 정면으로 도전한 것은 전통 종교에서 발견할 수 없는 혁신적인 신앙자유로 규정하면서, 그는 이런 종교자유에 대한 광범위한 요구를 바탕으로 조선사회는 점차 시민사회로 나아가게 되었다는 결론에 이른다.

Baker 교수가 조선의 성리학자들이 설정한 형이상학적 관심이나 도덕적 기준이 천주교의 신론은 물론 그 교리의 철학적·도덕적 관점 간에 대립과 갈등을 야기할 수밖에 없었던 것으로 보아, 이를 체계적으로 논의한 것은 주목할 만하다. 그러나 천주교가 종교자유를 요구하면서 조선왕조의 전례(典禮) 헤게모니에 정면으로 도전한 것이 우리나라가 시민사회로 나아가게 하는 데에 기여한 것으로 주장하는 것은 필자가 보기에 서양인에 의한 또 하나의 오리엔탈리즘 화법이 아닌가 싶다. 이에 대한 베이커 교수의 입장을 직접 들어보자.

> (조선의) 조정에서 우려한 점은 천주교인들이 명확하게 규정된 위계를 갖춘 조직을 형성하였다거나 이단적 의식을 행하였다는 사실보다, 그 위계와 의식이 조정의 승인을 받지 않았으며, 따라서 이들이 조정의 권위에 도전했다는 사실에 있었다. 조선정부의 입장에서는 불교도, 도교도는 물론이고 심지어 무당과도 달리, 천주교인들이 중국에서 반란을 자주 일으킨 비밀결사들과 흡사한 위험한 비밀결사를 구성한

것으로 보았다(김세윤 역, 1997, p.349).

베이커 교수는 그의 이런 주장을 뒷받침하는 예로서 1839년 「척사윤음」(斥邪倫音)에서 천주교인들을 비난하기를 "저들은 교황(敎皇)을 호칭하면서 오랑캐의 추장과 도적의 괴수가 백성을 다스리는 권리를 뺏으려 할 뿐만 아니라, 정치와 교화가 닿을 데가 없고 명령이 베풀어질 곳이 없게 되는 것이니, 재앙의 시초와 어지러움의 근본이 이보다 더 심할 수 있으랴"고 했다는 것이다. 이어 베이커 교수는 조선왕조의 천주교 박해와 동학(東學)의 박해를 같은 종류의 종교적 박해로 설정하고 있다.

> 동학과 천주교는 어떤 공통점을 지니고 있었으며, 이로 말미암아 조선의 유교정부가 이 종교들과 그 활동들을 불교, 도교, 무속신앙 등의 믿음, 의식, 관습들보다 더욱더 묵인할 수 없었던 것이다. 천주교와 동학은 모두 하나의 경계선, 즉 종교의 자유라는 경계선을 그었으며, 이 선 안으로는 조정의 권위도 침범할 수 없다고 주장하였다. 천주교는 그 선을 그은 조선 최초의 종교였으며, 동시에 종교의 자유를 가장 명확하게, 가장 빈번하게, 가장 강력하게 주장한 종교였다(김세윤 역, 1997, p.351).

모든 역사인식에는 인식의 주체가 누구냐가 참으로 중요하다는 것을 다시금 느낀다. 서양의 입장에서 천주교 박해는 명백한 종교자유에 대한 탄압이지만, 조선의 입장에서는 자기 정체성 수호를 위한 척사(斥邪)였다. 게다가 동학의 탄압도 서양인의 입장에서는 천주교와 같은 종교적 탄압이자 박해로 인식될 수 있었을지 모르나, 우리의 입장에서 동학은 기본적으로 조선 민중의 혁명운동이지 종교운동이 아니었다. 베이커 교수는 "전례(典禮) 헤게모니와 종교의 자유"라는 그 자신의 논문 말미에서 "18 · 19세기의 조선 천주교회와 조선 유교정부의 충돌은 한국에서 근대

시민사회가 탄생하는 과정의 진통으로 해석할 수 있을 것이다”고 했다. 결과적으로 그럴 듯한 해석으로 보이지만, 필자가 보기에 그로 인해 한국의 근대 시민사회 탄생은 꼬일 대로 꼬이고 말았다. 즉, 우리는 굴절된 근대, 그리고 빼앗긴 근대를 맞을 수밖에 없었던 것이다.

프로테스탄티즘의 도래와 수용과정

우리나라에서 천주교 박해가 거듭되는 동안에 역사의 대세는 이미 ‘서세동점’(西勢東漸)으로 기울고 있었다. 게다가 종교개혁 이후 복음주의를 앞세운 프로테스탄트의 해외팽창운동은 구미 열강의 자본주의 팽창주의와 절묘하게 맞아 떨어지게 되었다. 여기서는 프로테스탄티즘의 본질과 그 역사성을 함께 아울러 간략히 논의해 보고자 한다. 프로테스탄트 역사에서 ‘복음의 빛에서 교회의 생명을 회복’하려는 노력은 누구나 모국어로 성서를 해독하는 능력을 중시하게 되었고, 이것은 결과적으로 국민기초교육을 보급하는 데에 지대한 영향을 미치게 되었다. 그래서 프로테스탄트 교회가 있는 곳에 학교가 있었고, 대부분은 그 교회가 곧 학교이기도 했다. 때문에 포로테스탄티즘의 보급과 민중교육의 보급은 밀접한 연관을 지니게 되었다.

원래 ‘프로테스탄트’(protestant)라는 말에는 라틴어의 ‘pro-testari’가 ‘고백하다’라는 뜻을 가지고 있듯이 ‘공언’(公言) 혹은 ‘증언’(證言)이라는 뜻이 들어 있다. 그래서 프로테스탄티즘에서는 성서(즉, 하느님의 말씀)를 통한 증언으로서 신앙과 복음을 중시한다. 흔히 프로테스탄티즘은 ‘역사 속의 운동’으로 규정된다. 그래서 프로테스탄티즘에 의하면 “모든 것이 우리의 역사이고, 성경이 우리의 역사이며, 예수 그리스도가 우리의 과거 속에 있는 사건이며, 교회의 이야기가 우리의 이야기"(주재영, 연규홍 옮김, 2004, p.495)[45]이다.

Dillenberger와 Welch(1988)[46]에 의하면, 프로테스탄티즘은 살아 있는 하느님에 대한 신앙이 삶과 사고의 새로운 방식을 통해 자신을 표현하는 하나의 정신적 태도이다. 따라서 프로테스탄티즘의 역사는 창조적이고 비판적인 형식의 등장이다. 그리스도 안에 하느님이 임재 하신다는 '복음'은 기독교를 어떤 불변하는 형식으로 가두는 것을 불가능하게 만든다. 따라서 프로테스탄트의 신앙은 하느님의 말씀이 책임 있는 신앙적 결단 안에서 성령에 의해서 받아들여질 때만이 완전히 살아서 다가올 수 있다고 본다. 이것은 말씀의 본래적이고 직접적인 권위에 대한 고백이다. 프로테스탄티즘은 그 자체의 문화를 가지고 있지는 않지만, 어떤 특정 형태의 문화로부터 자유로워지는 것이 프로테스탄트 운동의 본질이다.

이런 프로테스탄티즘의 원리와 정신이 19세기 말 한국의 역사적 상황과 어떻게 만나게 되는가? 그리고 어째서 미국의 프로테스탄트 운동이 우리나라에 주도적인 영향을 행사했는가? 이것은 구한말의 이합집산(離合集散)하는 역사적 상황과 밀접히 연관되어 있다. 19세기 말 미국을 중심으로 한 북미 신대륙은 뜨는 해와 같았고, 반면에 영국을 중심으로 한 유럽의 영광은 지는 해와 같았다. 이 무렵 미국의 프로테스탄트는 열광적인 교회부흥운동과 더불어 해외선교에도 적극적인 관심을 보였다. 프로테스

45) 주재용, 연규홍 옮김 (2004). **프로테스탄트 교회의 역사와 신학**. 서울: 한신대학교 출판부.

46) Dillenberger, J., and Welch, C. (1988). *Protestant Christianity.* New York: Prentice Hall Co..

탄트의 역사에서 19세기는 가장 활기찬 성장의 시대였다. 교회의 수나 지리적 확장의 면에서 19세기는 프로테스탄티즘의 '위대한 세기'로 평가된다(Dillenberger & Welch, 1988).

미국에서 프로테스탄트 교회 확장에 대해 Latourrette(1940)[47]는 "종교적이건 세속적이건 간에 다른 어떤 사상도, 그처럼 많은 후원에 의해 그처럼 넓은 지역에 걸쳐 퍼져 나간 적이 없었다. 이 시대의 그리스도교 확장은 인류역사에서 그 어느 것과도 비교할 수 없다"고 했다. 이처럼 프로테스탄트 교회의 성장과 더불어 미국 자본주의 세력은 전 세계를 향해 뻗어가기 시작했다. 우리나라는 구한말에 강압적 외교의 힘에 몰려 일본과 가장 먼저 국교통상조약을 맺은 이래, 구미 열강 가운데는 미국과 먼저 문을 열었다.

주지하는 것처럼 기독교는 우리에게 낯선 종교가 아니었다. 서학 혹은 서교라는 이름으로 일부 실학자들이 중심이 되어 주체적으로 천주교를 도입하여 서양의 선교사가 도래하기 전에 18세기 말에는 신자가 생기고 교회까지 설립되었다. 그러나 천주교는 왕실과 기득권층으로부터 유교적인 질서와 윤리를 파괴하는 척사(斥邪)로 단정되었다. 미국과 개항(開港)하기 전부터 조선의 일부 지식인들은 말썽 많던 천주교는 프랑스의 종교이고, 이와는 달리 개신교(프로테스탄트)는 미국의 종교라는 정도로 인지하고 있었다. 그리고 초기에 한국을 찾아온 개신교 선교사들도 자기들의 선교가 천주교와는 다르다는 것을 강조하였다.[48]

---

47) Latourette, K. S. (1940). *Anno Domini.* 주재용, 연규홍 옮김 (2004), p.235에서 재인용.

48) 당시에 천주교와 개신교의 차이를 알리는 데에 결정적인 역할을 한 것은 황준헌(黃遵憲)의 「朝鮮策略」이었다. 이 책은 1880년에 김홍집(金弘集)이 일본에서 가지고 와서 식자들에게 널리 읽혀졌다. 여기서 저자는 "미국은 공평무사하고 영토에 야심이 없는 나라이기 때문에 조선이 미국과 조약을 맺으면

그럼에도 1880년대에 우리나라에서 성리학만을 정통으로 받들던 척사파들은 기존의 천주교관을 그대로 유지하고 있었으며, 그들에게 개신교관은 따로 없었다. 그리고 개화파들 중에도 일부는 프로테스탄티즘에 대해 호감을 가지고 있었지만 종교적 신앙의 단계에까지 이르지는 않았다. 게다가 유교적 교양을 지녔던 개화파 지식인들 가운데는 프로테스탄티즘을 신봉하면서도 유학과 프로테스탄티즘이 근본적으로 모순되지 않는 것으로 이해하고자 했다. 이를테면, 개화파 출신의 최병헌(崔炳憲)은 「황성신문」에 기고한 글에서 '西洋之天 卽東洋之天 以天下視同一'이라 하여 서양의 하느님과 동양의 하늘(天)은 동일한 것으로 봐야한다고 했다.

또 유길준(兪吉濬)은 「사경회서」(査經會序)에서 기독교 신앙을 유교사상의 보완 내지는 성취로 생각하여 인사교(人事敎; 즉, 정치와 일상생활)로는 유교로 처리하되, 종교상으로는 하느님(天神)에 귀의하여 기독교 신앙을 권하고 있다(이광린, 1979).[49] 이것은 18세기에 남인학자들이 마테오 리치의 「천주실의」(天主實義)를 토대로 천주교와 유교의 유사성을 인정하고 유학을 천주교로 가는 교량으로 본 것과 기본적으로 다르지 않다.

이처럼 우리나라의 개화파 지식인들은 유학의 이념과 프로테스탄티즘이 상호 모순되지 않을뿐더러 유학의 완성으로 프로테스탄티즘의 도입을 생각했다. 그러나 청 · 일전쟁, 동학혁명의 실

무궁한 혜택이 있을 것으로 본다"고 했다. 이어 그는 천주교와 개신교의 차이에 대해 "미국에서 신봉되고 있는 개신교는 천주교와 근원은 같지만 그 파가 다르다. 그것은 마치 유학에서 주자학과 양명학의 파가 다른 것과 같다"고 했다. 당시에 천주교와 개신교의 차이에 대한 구별은 교리적 측면보다는 그 종주국(宗主國)의 차이에 중점을 두었음을 알 수 있다.

49) 이광린 (1979). "개화파의 개신교관". **한국개화사상연구**. 서울: 일조각. 199–238.

패, 갑오개혁 등을 거치는 동안 나라의 위기가 가중되면서 현실적으로 세상을 보는 안목에 변화가 일기 시작했다. 그리고 일단 개신교 신자가 된 뒤에는 속죄의식과 영혼구제 문제를 심각하게 고민하게 되면서, 나라와 국민 전체의 회개를 주장하기에 이른다. 그러면서 성서를 절대시하고 그것을 열심히 탐독하였다. 그래서 미국 북장로교 선교사인 Brown은 "한국 기독교인보다 성서를 더 잘 아는 기독교인이 세계에 또 있을는지 모르겠다."(백낙준, 1973)[50]고 할 정도였다.

이를테면 우리나라에 외국 선교사들이 들어오기 전에 의주지방 상인 출신인 이응찬, 백홍준, 서상륜 등은 중국에서 장로교 선교사를 만나 기독교에 입교하여 '쪽복음서'를 국내에 들여왔다. 이 복음서를 서상륜(徐相崙)이 1882년 말 국내로 반입하여 전도에 나선 결과 1883년에 서울 장안에 세례받기를 원하는 세례원입자(洗禮願入者)가 무려 70명이나 확보되었다고 한다(윤경로, 2011).[51] 훗날 언더우드 선교사가 "나는 이곳에 복음의 씨앗을 뿌리러 온 것이 아니라 그 열매를 거두었을 뿐이다"고 고백한 것은 바로 이런 연유에서일 것이다.

그 후 거듭되는 민족의 수난 중에도 프로테스탄티즘은 교회를 반석 위에 올려놓을 수 있었다. 특히 관서(關西; 즉, 황해도와 평안도) 지역의 교회 발전은 세계 어느 곳에서도 그 유례를 볼 수 없을 만큼 단기간에 크게 확장되었다. 이 지역의 자립성이 강한 중산층은 개신교를 받아들이는 데에 퍽이나 적극적이었다. 관서지방은 영남지방과는 달리 양반계급이 따로 없었기에 프로테스탄티즘의 사민평등(四民平等)을 훨씬 쉽게 받아들일 수 있었다.

---

50) 백낙준 (1973). **한국개신교사**. 서울: 연세대학교 출판부.

51) 윤경로 (2011). "한국 근현대사의 전개와 한국 기독교 수용의 특징과 의의". **한국사회의 발전과 기독교**. 서울: 예영커뮤니케이션, 32-61.

그래서 이광린(1979)[52]은 Max Weber가 제기한 '프로테스탄티즘의 윤리와 자본주의 정신'이 우리나라 관서지방에서도 그 예를 찾아 볼 수 있다는 것이다.

프로테스탄트의 선교정책 평가

1880년대 개국 이후 초기에 우리나라에 파행된 프로테스탄트 선교사들은 그들의 선교방침에 따라 당시 우리나라에서 가장 절실히 요구되었던 의료사업과 교육사업을 앞세워 입국하였다. 이런 사업을 통해 그들은 먼저 피선교지의 정부와 국민들로부터 환심을 얻은 후에 간접적으로 복음 전도를 펼쳐갔던 것이다. 구한말 풍전등화와 같은 나라의 운명과 피폐한 민중들의 삶 속에 가난과 질병으로부터의 구원, 그리고 서구문명 수용을 통한 근대교육의 도입이 우리에게는 무엇보다 절실했다. 이런 시대적 절박성과 프로테스탄트 선교사들의 선교방침이 하나로 어우러져 이 땅에 프로테스탄트에 의한 서양의술과 근대교육이 선구적으로 보급되기에 이른다.

이만열(1979)은 「한말 기독교와 민족운동」에서 '개화 · 교육 · 교회'의 관계를 통해 기독교에 의한 교육 보급과 민족운동의 전개에 주목하고 있다. 개화와 근대교육이 서로 추동하면서 반봉건의식과 민족의 자주의식이 싹튼 것은 초기 프로테스탄티즘의 중요한 기여라 할 수 있다. 그러나 일본의 식민통치와 결부된 미국 극동정책 간의 은밀한 합의, 거기에 영향 받은 미국 프로테스탄트 선교사들이 보인 조선의 자주독립에 대한 중립적 태도는

---

52) 이광린 (1979). "개화기 관서지방과 개신교". **한국개화사상연구**. 서울: 일조각, 239-254.

우리나라의 독립운동사에서 결코 긍정적으로 평가될 수 없는 한계를 노정하고 있다.

이런 문제의식에서 홍이섭(洪以燮; 1984)[53]은 우리나라에서 프로테스탄티즘을 매개로 한 아메리카문화의 영향을 좀 더 거시적인 역사안목에서 다루고 있다. 그는 미국 자본주의의 아시아지역 확대침출(擴大侵出) 과정과 조미(朝美) 통상조약 체결 결과를 프로테스탄트 선교사(宣教史)와 분리시키지 않은 데서 한국개신교사에 있어 미국 프로테스탄티즘의 사회적 기능을 찾아보아야 할 것이라 했다. Fisher(1928)가 「한국에 있어 민주주의와 선교교육」에서 논의한 것처럼 우리나라에서는 개신교의 선교교육이 미국식 민주주의 전달에 그 선구가 되었다. 그러나 그것은 한국인의 전통과 정신적 기반에서 찾기에 앞서 자기들의 민주주의 정신을 프로테스탄티즘의 전도와 함께 이식한 것이다. 여기서 그는 구미의 민주주의와 휴머니즘에 흐르는 프로테스탄티즘의 영향을 상기시킨다고 했다.

특히 홍이섭(1984)은 한국에서 프로테스탄트의 선교정책이 어디까지나 개신교 선교사(宣教史) 자체로 다루어진 나머지 한국사의 전체 인식선상에서 다루어지지 못한 것이 후일에 큰 문제점을 남기게 되었다고 했다. 비슷한 맥락에서 민경배(閔庚培; 1974)는 「한국민족교회형성사론」(韓國民族教會形成史論)에서 개신교 선교사들의 선교방침이 후에 우리의 민족의식 해체에 어떤 영향을 미쳤는가에 주목하고 있다. 여기서 프로테스탄티즘이 한국사회에 미친 영향에 대한 빛과 그림자가 보인다.

---

53) 홍이섭 (1984). "한국에 있어 프로테스탄티즘을 매개로 한 아메리카문화의 영향". 고려대아시아문제연구소 편. **한국문화에 미친 미국문화의 영향**. 서울: 현암사, 56-75.

R. S. Hall에 의한 근대특수교육의 성립과 전개

주지하는 것처럼 우리나라에서 근대 특수교육은 19세기 말 미국에서 온 프로테스탄트 의료선교사인 Rosetta Sherwood Hall에 의해 처음 시작되었다. 그녀는 원래 감리교파 의료선교사로 조선의 여성 진료를 위해 파행되었으나, 평양에서 남편 William J. Hall과 함께 일하던 중에 우연히 오봉래 라는 맹여아를 만난 것이 인연이 되어 맹교육에 관심을 가지게 되었다. 홀 부인이 맹교육에 관심을 가지게 된 경위를 아들 Sherwood Hall 박사는 그의 전기에서 이렇게 적고 있다.

> 평양에서 William J. Hall의 첫 신자가 된 오석형씨에게는 어린 맹인 딸이 있었다. 당시에 어머니를 찾아오는 환자들 가운데는 맹인과 농인들도 있어, 진작부터 어떻게 하면 그들을 도울 수 있을까 하고 어머니는 궁리해 오던 터였다. 어머니는 당시 한국에서 맹인과 농인은 참으로 비참한 상태에 있다는 것을 알게 되었다. 농아자는 동물적 본성을 지닌 저능아로 취급되었고, 맹인들은 기껏해야 점쟁이나 무당이 되곤 하지만 부모들이 돈이 있어 뒷받침을 해줄 수 있어야 가능했다. 그렇지 않으면 그들은 소외되고 학대받아 제대로 먹이고 입히지도 않은 채 골방에 가두어 둠으로써 마침내는 보행능력까지도 잃게 된다.
>
> 어머니는 어떤 방법으로든지 맹아동을 돕고 싶었지만, 한국인들은 어머니의 의중을 이해할 턱이 없었다. 당시와 같은 혼란기에 자칫 잘못하면 1888년에 나돌았던 유언비어처럼 의사들이 눈을 뽑아 약을 제조하기 위해 아이들을 유괴할 것이라는 모함을 받을 수도 있었다. 어머니는 오(吳)씨의 맏딸이 맹인이라는 것을 알게 되자, "이제는 내가 일을 시작할 기회가 왔다. 그녀의 아버지는 기독교인이니까 나의 동기를 오해하지 않겠지"라고 생각했다. 어머니는 일기에 다음과 같이 적고 있다. "나는 어린 봉래를 가르치기 위해 기름을 먹인 종이(즉 韓紙)에 구멍을 뚫어 점을 찍는 한 방법을 고안해냈다."

봉래는 아주 열심인데다가 총명해서 좋은 반응을 보였으므로 어머니는 맹인을 가르치기 위한 적절한 방법만 잘 적용하면 그녀에게 읽기를 배우게 할 수 있을 것이라고 생각했다. 어머니는 그 방법에 대해 더 많은 공부를 하기로 결심하고, 그것이 이 세상에서 맹인은 쓸모없다는 세간의 잘못된 편견에서 깨어나게 하는 한 방도가 되리라고 믿었다(Sherwood Hall, 1978, pp.144-145)[54].

이상에서 보면 당시 우리나라에서 맹인과 농인이 얼마나 천시를 받아왔는가를 알 수 있다. 더욱이 그 같은 천대를 받고 있는 장애인에 대한 인간적 연민이 기독교적 휴머니태리언(humanitarian)의 실천자로 이 땅에 온 프로테스탄트 선교사에게 더욱 강한 인상을 줄 수 있었을 것이다. 그러는 가운데도 "서양 의사들이 눈을 뽑아 약을 제조하기 위해 아이들을 유괴할 것"이라는 유언비어가 나돌았다는 것은 당시 민중들의 외국인(혹은 외국세력)에 대한 태도를 상징적으로 반영한 것으로 보인다.

위에 인용한 셔우드 홀의 기록에서 가장 주목을 끌게 하는 것은 홀 의사가 맹인교육에 깊은 관심을 가지고, 맹소녀에게 개인적으로 그 교육 방안을 실천했다는 점이다. 즉 홀 여사는 기름을 먹인 한지(韓紙)에다가 구멍을 뚫어 맹소녀 오봉래(吳鳳來)[55]에게 읽기지도를 시도한 것이 틀림없다. 당시에 홀 여사가 맹소녀 봉래에게 개인지도를 실시한 사실은 「Korea Mission Field (1908)」에 다음과 같이 잘 기술되어 있다.

---

54) Hall, S. (1978). *With Stethoscope in Asia: Korea, McLean,* VA: MCL Associates.

55) 이 맹소녀의 이름은 '봉래', '복녀' 등으로 불려지기도 했으나, 「朝鮮敎育會雜誌」(1914)의 平壤盲啞學校弟15年報(1912-13)에서는 오봉래(吳鳳來)로 표기되어 있다. 후에 이 맹소녀가 동경 맹학교의 사범과에 평양맹학교 교원자격으로 수학한 명부에는 오성자(吳聖子)라고 등기되어 있다.

근대 선교활동 연구에 그 활동이 다방면이요, 영향력이 광범위함은 특별히 주의할 점이다. 어느 신체적 장애자가 우리의 동정을 요하지 아니하리 오마는, 한국의 맹인들은 갑절의 동정을 요하고 있다. 그들은 신체적 불구의 고통으로 신음할 뿐만 아니라, 생활방도를 해결할 길 없어 점쟁이나 무당이 될 수밖에 없기 때문이다. 이러한 한국의 맹아들에게 "행복을 안겨주고, 기독교 가정의 유용한 성원"이 되게 하기 위해 Rosetta S. Hall 의사는 맹교육을 시작하였다. 홀 여사는 소녀시절에 취미삼아 "뉴욕식 점자" 사용법을 배운 적이 있었다. 그녀가 한국에 선교사로 와서 소녀시절에 익혀둔 지식이 아주 유용하다는 사실을 깨닫게 되었다.

1894년 이른 봄부터 한 교인의 딸인 맹 여아를 가르치기 시작하였으나, 그 해에 그녀의 남편이 사망하자 미국으로 귀국했다. 미국에 체류하는 동안 홀 여사는 뉴욕에 있는 맹인원(Institution for the Blind)을 방문하여 점자체제를 다시 배웠다. 1897년에 한국에 다시 돌아오자, 그녀는 이 점자체제를 한글 철자와 그 음절에 맞춰 적용하여 기도서와 십계명의 일부를 점역하여 1894년에 가르치기 시작했던 그 여아에게 가르쳐 주었다(백낙준, 1973, pp.338-339에서 재인용)[56].

당시 사정을 정확히 보고해 주고 있는 「Korea Mission Field」의 기사에 미루어 볼 때, 우리나라에서 최초로 특수교육을 시작한 사람은 감리교 의료 선교사인 로제타 셔우드 홀 여사임이 틀림없고, 그 시작 시기는 1894년 5월이었음이 확인된다. 따라서 우리나라에서 특수교육이 처음 시작된 기년(起年)은 홀 여사가 맹소녀 오봉래(吳鳳來)에게 개인지도를 시작한 1894년으로 볼 수 있다.

그러나 당시에 홀 부인이 맹소녀 오봉래에게 시간적 여유를 가지고 체계적으로 점자를 지도할 형편이 되지 못했음은 당시 정황에 비추어 잘 알 수 있다. 초기에 평양에서 의료선교 활동에

56) 백낙준 (1973). **한국 개신교사.** 서울: 연세대학교 출판부.

내부적으로 어려움이 많았을 뿐더러, 당시 남부지역에서 동학군의 상황이 심상치 않았고 평양에 있는 군인들까지 불러 내리기 위하여 수송선이 들이닥치는 어수선한 사태에 이르자 부득이 홀 내외는 1894년 6월 10일에 평양을 떠나야 했다. 따라서 홀 부인이 평양에 실제로 머문 기간은 불과 한 달 남짓 밖에 되지 않았음을 알 수 있다.

그 해 10월초에 남편 홀 의사는 평양으로 돌아가서 그전에 시작한 광성학교(光成學校)를 다시 개교시키는 한편, 전쟁 부상자들을 밤낮 없이 돌보던 중 건강이 크게 악화된 데다가 자신이 치료하던 환자로부터 열병이 옮아 그 해 11월 24일 극동의 낯선 선교지에서 일생을 마쳤다.

남편의 죽음에 큰 충격을 받아 홀 여사는 그 해 12월에 에스터 박(朴)내외를 데리고 어린 아들과 함께 미국으로 돌아갔다. 미국에서 홀 여사는 평양에 남편 홀의 기념병원을 설립하는데 필요한 모금운동을 전개하는 한편, 윌리엄 홀의 전기를 출판하기 위해 자료를 수집하고 정리하는 일에 열중하였다. 그녀의 지극한 노력의 결과 평양에 홀 기념병원은 1897년 2월에 개원되기에 이르렀고, 남편의 전기(The Life of Lev. William J. Hall, Press of Eaton and Mains)는 1897년 8월에 정식 출판되기에 이르렀다.

미국에 머무는 동안 홀 여사의 머릿속을 떠나지 않는 또 하나의 중요한 과제는 어떻게 하면 한국의 장애아동, 특히 그가 1894년에 가르치기 시작했던 맹 여아(즉, 오봉래)를 도울 수 있는가 하는 것이었다. 당시에 홀 여사가 한국의 맹인들을 위해 미국에서 취한 활동을 그녀의 외아들 셔우드 홀은 다음과 같이 알려주고 있다.

> 어머니의 머리를 떠나지 않은 또 다른 일의 하나는 한국에 있는 맹인들의 처지에 대한 깊은 관심이었다. 어머니는 맹인들의 교육을 위해 적용되는 여러 가지 시스템에 대해 조사하기 시작했다. 파리의 맹교사인 루이 브레이유(Louis Braille)는 1829년에 그가 개발한 점자 체제를 최초로 발표했다. 뉴욕 맹학교의 교장인 윌리엄 웨이트(William B. Wait)씨는 뉴욕 포인트로 알려진 또 다른 점자체제를 1860년에 고안해냈다. 어머니는 웨이트 교장을 방문할 기회를 가져 그로부터 직접 뉴욕 포인트 체제를 배우기도 했다. 어머니는 여러 유형의 다른 점자체제를 비교·검토해 본 결과, 결국 뉴욕 포인트가 조선어에 활용할 수 있는 가장 적합한 체제라는 결론에 도달하게 되었다(Sherwood Hall, 1978, p.165).

이상에서 확인할 수 있는 중대한 사실은 홀 여사가 조선에 맹여아들을 위해 퍽 의도적으로 여러 형식의 점자체제를 비교·검토한 끝에, 6점으로 된 브래이유식 점자보다 4점으로 된 뉴욕식 점자가 한글에 더 적합하게 활용될 수 있다고 믿어, 소위 뉴욕식 한글 점자 창안을 위한 구상이 이때(즉, 1897년 가을)에 구체화되기 시작했다는 점이다.

뉴욕식 한글점자 도입과 박두성 선생

1897년 11월 10일에 한국에 다시 온 홀 여사는 전에 일하던 서울의 보구여관(保救女館)에서 일을 돕는 한편, 뉴욕점자 체제를 한글 점자로 적용하는 일에도 깊은 관심을 가졌다. 그 해 겨울에 홀 여사는 뉴욕식 한글점자 체제를 고안하여, 그 이듬해(1898) 봄까지 한글점자 자료를 직접 제작하는데 대부분의 시간을 할애했다. 당시 홀 여사의 뉴욕식 한글점자에 의한 점자자료 개발에 대해 외아들 셔우드 홀 박사는 다음과 같이 알려주고 있다.

> … 어머니가 개발한 교수자료는 뉴욕 포인트 체제에다가 한글을 적용시켜 마련한 것이었다. 한국에 돌아온 그 해(1897년) 겨울에 어머니는 뉴욕식 점자체제로 한국어 교수자료를 점역(點譯)하는 일로 대부분의 시간을 보냈다. 당시에 제작된 자료들은 조선어 철자와 음절, 죠지 헤버 존슨(George Heber Jones)여사가 지은 '조선어 기도서'(A Korean Primer), 십계명 등이었다. 어머니는 판지(板紙)와 같이 빳빳하게 기름을 먹인 조선종이에 일정한 점을 찍어 감으로써 이것을 만들었다(Sherwood Hall, 1978, p.165).

이상에서 볼 때, 당시에 홀 여사는 자신이 고안한 뉴욕식 한글점자('평양식 점자'라고도 함)체제에 따라 직접 조선어 기도서, 십계명 등을 점역했음을 알 수 있다.

당시에 홀 여사가 고안한 뉴욕식 한글점자는 우리나라 한글의 모음과 자음체계에 따라 고안된 최초의 점자가 된다. 그러나 이 평양점자(당시 맹교육계에서는 홀 여사가 고안한 점자를 후에 박두성 선생이 고안한 한글점자와 구분하기 위해 평양점자라고 불렀음)는 자음의 초성과 종성이 구별되지 않고, 한 개의 자모를 두 칸까지 제자(製字)해야 하는 불편이 있어 실제 사용에 번거로움이 있었다.

당시 홀 여사가 고안해 낸 이 평양점자는 후에 박두성(朴斗星)이 브라이유 한글점자로 훈맹정음(訓盲正音)을 창안하기까지 맹인들 간에 두루 통용되어 왔을 뿐더러, 평양에서는 그 이후에도 이 평양점자가 계속 사용되어 온 듯하다. 이런 과정에서 우리나라 초기 특수교육의 점자사(點字史)에서 한 가지 특기할만한 것은 박두성이 6점으로 된 한글점자를 창안하기까지 홀 여사가 고안해 놓은 평양점자 때문에 오히려 상당한 애로와 갈등을 겪었다는 점이다. 박두성 선생의 유고인 "훈맹정음의 유래"에서는 이 문제에 대해 소상히 전해주고 있다.

1898년경부터 평양에서 미국인 홀 부인이 여자 맹인들을 모아 성경을 가르치기 시작했으니, 한국에서 맹인들에게 글자를 쓰게 한 것은 이것이 시초였다. 그러나 홀 여사가 뉴욕 사람이었던 탓인지 점자 방식을 뉴욕식으로 쓴 것은 천만유감이었다.

1878년 각국 맹인 교육자들이 모여 맹인교육에는 모두들 브라이유를 쓰기로 했다. 그런데 미국 뉴욕에서는 라셀이 앞장서서 루이 브라이유의 6점 점자에 따르지 않고 4점 점자를 쓰기로 하여 판도 달리 만들어 가르쳤으니, 이것이 "뉴욕포인트"이다.

나는 평양맹학원에 대하여, 또는 홀부인에게 대하여 한국어 점자방식을 브라이유로 고치게 하자고 제의하고 이해 득실을 갖추어 충분히 설명하여도 용이하게 들어주지 아니하였다. 나중에는 홀부인이 일본말도 뉴욕식으로 쓰는 것이 좋겠다고 조선식 일본 점자안까지 만들어 보내면서 반대 주장을 하여왔다. 나는 이 문제가 합의될 성질의 것이 아닌 것을 인정하고 우리 학생들과 일반 맹인들을 동원하여 연구하기로 작정했다(김병하, 2002, pp.186-187에서 재인용)57).

위에서 박두성 선생이 밝힌 대로 세계적으로 브라이유식 6점자를 쓰기로 이미 맹인계에서는 합의가 된 사항이었다. 미국에서도 1868년에 뉴욕맹학교 교장인 웨이트(William B. Wait)가 고안한 4점으로 된 뉴욕포인트에 대해 비판을 가하면서, 1878년에 스미스(Smith, J. L)가 브라이유의 6점으로 된 미국점자(American Braille)를 고안하자 그것의 우수성이 인정되어 그간의 점자논쟁(the war of dote)이 종식을 고하게 되었다. 이 사정을 잘 알고 6점식 한글점자 창안에 깊은 관심을 가지고 있던 박두성 선생은 진작부터 홀 여사에게 브라이유식 한글 점자 안을 제안하였으나, 홀 여사는 오히려 일본말조차도 뉴욕 식으로 쓰는 것이 좋겠다는 안까지 박두성 선생에게 역으로 제안하였다. 이에 박두성 선생은 이 문제는 서로 합의해서 해결될 성질의 문제가 아닌 것으

57) 김병하 (2002). **특수교육의 역사와 철학**. 경북: 대구대학교 출판부.

로 확신하고, 자신의 아이디어에 따라 한글점자의 창안에 더욱 박차를 가해왔던 것이다.

1898년 5월부터 홀 여사는 서울에서 평양의 윌리엄 홀 기념병원으로 옮겨 병원 일을 돌보는 한편, 곧장 지난번에 그가 개인적으로 지도한 적이 있는 맹소녀 봉래에게 그녀 자신이 고안한 뉴욕식 한글점자체제를 가지고 본격적으로 점자교육을 실시했다. 당시 사정을 셔우드 홀 박사는 그의 전기에서 다음과 같이 적고 있다.

> 평양으로 옮긴 뒤에 어머니는 오(吳)씨의 맹여아 봉래를 데리고 다시 일을 시작했다. 이 새로운 자료들을 가지고 봉래를 가르치는 일이 처음에는 더디고 지루한 일이었지만, 일단 그녀가 한글 점자를 해득한 뒤에는 순풍에 돛단 듯했다. 일 년 만에 그녀는 어머니가 준비해 놓은 모든 점자책을 읽을 수 있게 되었고, 점자로 쓰는 것까지 배워 말하는 것을 받아서 스스로 자신의 교재를 만들어 사용하게 되었다. 어머니는 봉래에게 뜨개질도 가르쳤다(Sherwood Hall, 1978, p.165).

이처럼 홀 여사는 자기가 고안한 점자체제로 맹소녀 봉래에게 직접 점자지도를 실시하여, 일 년 만에 맹소녀 봉래는 홀 여사가 점역해 놓은 모든 점자교재를 능히 읽어냈을 뿐만 아니라, 자신이 직접 점역을 하여 필요한 교재를 만들어 쓰기도 했던 것이다. 이로써 실질적으로 근대적 특수교육 방법의 적용에 의해 맹인이라 할지라도 점자로 문해능력을 길러주는 교육이 가능하다는 것이 우리나라에 처음으로 입증된 것이다.

우리나라 근대특수교육의 성립기점 논쟁

이런 홀 여사의 점자지도 활동에 비추어 몇몇 자료와 선행연구에서는 우리나라에서 홀 여사에 의해 맹교육이 시작된 것은 1898년이라고 밝히고 있다. 가령 언더우드(Horace H. Underwood)는 「한국근대교육사」(Modern Education in Korea, 1926)[58]에서 근대 한국교육의 연표를 정리하여, 1898년에 홀 여사에 의해 평양에서 맹여아를 위한 교육이 시작되었음을 밝히고 있으며, 이 사실은 당시의 「Korea Mission Field」에서도 확인되고 있다. 일찍이 안태윤(安泰潤)은 "한국 특수교육 발달에 관한 연구"(1968)[59]에서 한국특수교육 시작 연대는 1898년이 가장 신빙성이 크다고 하면서, 그 이유로 ① 1894년에 청일전쟁으로 말미암아 한 달 남짓 평양에 머무는 동안 실제로 맹교육을 할 겨를이 없었고, ② 홀여사가 뉴욕맹학교에서 점자를 익혀 한국인에게 적용할 점자를 완성한 것이 1898년 봄이었다는 것, ③ 정진소학교(正進小學校)의 설립이 1896년이었다는 점 등을 들고 있다. 이 논문은 당시의 전후 사정을 종합적으로 고찰한 가운데 한국 특수교육의 시작연대를 좀 더 확실히 밝히는데 많은 도움을 주었고, 이 문제를 보다 체계적으로 연구하게 하는데 자극을 주었다.

후에 안병즙(安秉楫)은 역시 "한국 특수교육의 발달과정에 관한 연구"(1974, 석사학위논문)[60]에서 한국 특수교육의 성립시

---

58) Underwood, H. H. (1926), *Modern Education in Korea.* New York: International Press.

59) 안태윤 (1968). "한국특수교육의 발전과정에 대한 연구." **한국사회사업대학 논문집 1집.**

60) 안병즙 (1974). "한국특수교육의 발달과정에 관한 일연구" (미간행). 대구대학교 대학원 석사학위논문.

기에 대해 선행연구에 대한 종합적 토의를 거쳐, 우리나라 특수교육의 '기원'은 1894년으로 보는 것이 타당하다는 결론을 내리고 있다. 한편, 임안수(林安秀; 2005)[61]는 Hall의 점자고안과 그 적용과정을 보다 면밀히 검토하여, 한국 특수교육의 기원연대에 대해 다음과 같이 주장하고 있다.

> 홀 여사는 여러 차례에 걸쳐 1898년에 평양맹아학교가 시작되었다고 했고, 그의 동료인 Noble(1916)과 Underwood(1926)도 각기 1898년에 평양에서 맹교육이 시작되었다고 했다. 또한, 평양맹아학교의 교사였던 전광명과 김성실도 1898년에 본교가 설립되었다고 했으며, 조선총독부에서 펴낸 특수교육 사업에 관한 자료에도 평양맹아학교가 명치 31년(1898)에 설립 되었다고 함으로써 우리나라 특수교육의 기원 연대는 1894년이 아니라 1898년으로 보는 것이 타당하다(임안수, 2005, p.305).

이상에서 임안수 교수가 주장하는 것처럼 Hall 여사가 맹여아 오봉래에게 체계적으로 점자지도를 실시하고 평양맹아학교를 시작한 것은 당시의 여러 정황과 Hall 여사 자신을 비롯한 선교사들의 보고와 조선총독부의 기록자료, 그리고 당시에 일한 교사들의 회고에 비추어 볼 때, 평양맹아학교는 1898년에 시작한 것임에 틀림없다. 그러나 여기서 Hall 여사에 의한 평양맹아학교 설립 기점을 한국 특수교육의 시작연대로 볼 것인가, Hall 여사가 1894년에 평양에서 일하면서 오봉래를 처음 만나 개인지도를 시도한 것에서부터 시작연대를 설정할 것인가 하는 문제는 역사의 전후맥락을 통해 그 기준을 '무엇으로 어떻게' 잡느냐에 따라 달라질 수 있다.

---

61) 임안수 (2005). 근대 한국특수교육의 기원 연대에 관한 연구. **특수교육저널: 이론과 실천**, **6**(3), 293-309.

여기서 특수교육의 '시작'이니 '기원'이니 하는 말을 사용하고 있지만, 실제로 이 경우 '특수교육'을 어떤 수준의 개념으로 받아들여 그 기점(起點)을 잡느냐에 따라 특수교육을 시작한 연대설정은 달라질 수 있다. 가령 홀 여사가 뉴욕식 한글점자를 적용하여 체계적으로 점자교육을 실시한 것을 그 시작으로 본다면, 한국 특수교육의 시작 연대는 당연히 1898년이어야 한다. 그러나 개인적으로 한 맹소녀에게 관심을 가지고 개별지도를 처음 시작한 것은 1894년이 틀림없다.

흔히 교육사 기술에서 처음 시작하는 교육의 경우 연대 표기에서 종종 혼선을 초래하는 경우가 많다. 이것은 대부분의 경우, 특히 사학(私學)의 경우 처음 시작하는 단계부터 학교교육으로서 체제를 갖춰 시작하는 것이 아니고, 몇 단계의 준비과정을 거쳐 학교교육으로서의 체제와 형식을 갖추어 가기 때문에 그 시작시기에 대해 보는 관점에 따라 이설(異說)이 제기 될 수 있다. 예를 들어, 우리나라 최초의 선교계 근대학교로 널리 알려진 배재학당(培材學堂)의 경우, 그 설립연대에 대해 「배재사」(培材史)에서는 아펜젤러 목사가 두 사람의 학생을 얻어 개인적으로 가르치기 시작한 1885년 8월을 그 시작으로 잡는가 하면, 북감리교 연회록에는 1886년 6월로 기록하고 있으며, 혹자는 고종이 '배재학당'이라는 교명을 내려준 1887년으로 그 설립연대를 잡기도 한다. 또 특수교육의 역사에서도 세계 최초로 특수학교 교육을 시작한 레뻬(de l'Epee)의 파리농학교 설립 연대에 대해 그가 처음 두 농 소녀를 맡아 사적으로 지도하고 돌봐 준 때를 기준으로 하는 경우 1755년으로 시작연대를 주장하는가 하면, 그가 집단적으로 농교육을 시작한 1760년을 시작연대로 잡기도 한다.

이런 측면에서 이해할 때, 넓은 의미에서 우리나라에서 특수교육이 처음 시작된 시기는 홀 여사가 맹소녀 오봉래에게 개인지도를 처음 시작한 '1894년'으로 잡는 것이 자연스럽다고 본다. 물론 당시에 처음부터 홀 여사가 한글점자 체제를 고안하여 체계적으로 점자교육을 실시하지는 않았고, 더욱이 집단적 학교교육의 형태로 특수교육을 시작한 것은 아니지만, ① 1894년 5월에 한 맹소녀에게 개인지도를 시작한 것이 틀림없고, ② 1898년에 시작한 맹교육도 처음에 가르치기 시작한 맹소녀를 대상으로 '다시' 계속해서 점자지도를 했다는 점 등에 비추어, 한국 특수교육의 시작 년대는 1894년 5월로 잡는 것이 타당하다고 본다.

프로테스탄트 선교사들의 특수교육사업 성과

한편, 홀 여사가 일반 초등학교 내에 맹여아를 위한 특수학급을 설치하여 학교교육의 일환으로 특수교육을 시작한 것은 1900년부터이다. 홀 여사가 평양의 정진여학교(正進女學校)에 맹여아를 위한 '특수학급'을 정식으로 설치한 연대를 구체적으로 밝혀주는 자료는 없지만, 셔우드 홀 박사는 그의 전기에서 당시 사정을 다음과 같이 알려주고 있다.

> 새로 완성된 어린이 병동(즉 Edith Margaret 어린이 병동을 일컬음)의 첫 용도로 어머니가 가르치기 시작한 4명의 맹여아를 우선해서 수용했다. … 일 년 만에(필자주 : 1898년 5월부터 점자를 가르치기 시작했음) 봉래는 어머니가 준비해 놓은 모든 점자책을 읽을 수 있게 되었고, 점자로 쓰는 것까지 익혔다.
>
> 봉래가 아주 행복하고 근면하게 보임에 따라 병원에 있는 환자들은 어머니에게 자기들이 알고 있는 다른 맹여아들도 함께 가르쳐 줄 것을 요청해 왔다. 이렇게 해서 한국에서 맹인을 위한 첫 학교(first

school for the blind)교육이 시작되었는데, 평양 여자학교(필자주 : 正眞女學校를 일컫는 것임)가 신축되자, 맹소녀를 위한 한 학급이 부설되었다(Sherwood Hall, 1978, p.187).

홀 여사가 처음 점자지도를 실시한 맹소녀 봉래가 점자를 완전히 익히는데 약 1년이 소요되었다. 그 이후 이 맹소녀가 점자를 익혀 글을 읽고 쓰는 것을 보고 신통하게 생각한 다른 어머니들의 권유에 따라 4명의 맹소녀를 새로 지은 어린이 병동에 기숙시키면서, 이웃에 있는 정진여학교에서 특수학급의 형태로 맹여아를 위한 학교교육을 실시하였음을 알 수 있다.

1900년 추수감사절의 일기에서 홀 여사는 "나는 맹인을 위한 사업을 더 진전시켜야겠다. 정진여학교의 맹학급에는 이제 4명의 훌륭한 맹소녀들이 있다. 그러나 새로 맹여학생들을 지도할 교생(the pupil−teacher)을 위해 내가 해야 할 일은 더욱 많다"(1900년 11월 27일자)고 적고 있는 것을 보면, 적어도 1900년 신학기에는 정진여학교에 맹여아를 위한 특수학급이 설치 운영되어 왔음을 알 수 있다. 여기서 홀 여사가 새로 맹여학생을 지도할 '교생'은 그 무렵(1900년 11월 23일자)의 일기에서 "Pongnai, my blind pupil−teacher"라고 적은 것을 보면, 그녀가 처음 가르친 맹소녀 봉래를 지칭하는 것임을 알 수 있다. 이미 이 무렵부터 홀 여사는 자신이 직접 맹소녀들에게 점자지도를 하는 대신 봉래를 점자지도 교생으로 활용해 왔던 것이다.

이처럼 홀 여사가 그간 혼자서 자력으로 맹교육 사업을 추진해 온 것이 본국의 선교본부로부터 인정을 받게 되어, 1903년부터는 평양의 병원과 시료소의 책임과 더불어 맹교육의 책임도 공식적으로 맡는 임명을 받게 된다. 즉, 1903년 감리교 연회록에는 "Hospital, Dispensary and Blind School: Rosetta S. Hall,

MD"(Official Minutes of the Nineteenth Annual Meeting Korea Mission, 1903, p.22)라고 적고 있어, 이 시실을 뒷받침하고 있다.

당시 홀 여사의 맹교육사업을 감리교 연회록 등에서는 "Blind School"이라고 표기하고 있으나, 실제로는 1907년까지는 정진소학교 내의 특수학급 형태로 운영되어 왔다. 1905년에서 1907년까지 평양에서의 맹교육사업을 홀 여사 자신이 감리교회 한국부인회 회의록(Korea Women's Conference of the Methodist Epoiscopal Church)에서 "The Clocke Class for Blind Girls"(1905, 1906) 혹은 "Blind Class, Pyeng Yang"(1907)이라는 제목으로 보고하고 있음을 보면, 맹여아를 위한 '특수학급' 형태로 맹교육이 실시되어 왔음을 알 수 있다. 당시 맹여아를 위한 학급 이름을 크로커학급(Clocke Class)이라고 명명한 것은, 미국에 있는 크로커 부인의 재정지원으로 이 학급이 운영되어왔기 때문에 그렇게 이름을 붙인 것이다. 당시의 맹교육 사정을 홀 여사 자신이 감리교회 한국부인회 회의록에 보고한 내용을 중심으로 정리해 보면 다음과 같다.

> 평양에 정진여학교가 설립된 이후, 뉴욕시에 사는 크로커(Clocke) 부인은 그녀의 친척들까지 동원해서 한국의 맹소녀들을 위한 교실을 짓는데 필요한 기금을 보내왔으며, 그 이래로 매년 이 학급을 지원해 왔다. 첫 학생인 오봉래(O Pong-nai)는 이제 성숙한 처녀가 되어 구약, 역사, 지리, 음악 등의 학술에 많은 진전을 자져왔고, 나이 어린 다른 맹소녀들에게 점자로 읽고 쓰기와 뜨개질 등을 열심히 지도하면서 교생(pupil-teacher)으로서 나를 돕고 있다.
>
> 금년에 두 명의 맹여아가 새로 와서 7명의 맹여아를 학급에 수용하게 되었다. 그중 3명은 통학생이고, 4명은 에디스 마가렛(Edith Margaret)병동에서 기숙하는 기숙생이다. 이들 중 봉래 다음에 입학한 위상래(Wae Sang-nai)라는 맹학생은 그의 가족들까지 모두 기독

교인으로 귀도 시켰을 뿐만 아니라 입원 환자들에게 성경을 가르쳐 주었다. 맹소녀들은 마루도 깨끗이 닦고, 병원의 허드렛 일도 많이 도와주게 되었다. 나는 이 맹소녀들을 훗날 훈련된 간호원으로 활용할 수 있게 되기를 기대한다(김병하, 2002, pp.191-192에서 재인용).

위의 기록에 의하면, 1905년 당시 맹학생은 모두 7명이었으며, 이들에게 점자지도 이 외에 개인능력에 따라 성경공부, 지리, 음악, 기술교육 등이 주요 교과내용으로 지도되었음을 알 수 있다. 특히 교육받은 맹소녀들은 그들 가족도 기독교 교인으로 귀도시킨 경우가 있고, 자신의 신변처리 뿐만 아니라 입원환자들을 돕는 일까지도 해냄으로써, 홀 여사는 장차 이들 맹소녀를 훈련된 간호사로 활용할 수 있기를 기대하기도 했다.

이처럼 감리교 의료선교사인 홀 여사가 평양에서 선구적으로 맹여아를 위한 교육사업을 전개해 온 이래로, 장로교 선교사인 마펫(Alice F. Moffett)부인은 1903년에 평양에서 남자맹인학교를 설립하였으며, 페리(J. Perry)부인은 1900년경에 서울에서 남맹아를 위한 수용보호와 교육을 실시하였다. 그러나 당시에 이들이 어떤 프로그램을 가지고 언제까지 맹교육 사업을 추진해 왔는가에 대한 것은 아직 발견되지 않고 있다. 다만 백낙준의 「한국 개신교사」(The History of Protestant Missions in Korea, 1929)에서는 당시에 마펫(Moffett, A. F.)부인이 시작한 맹교육 사업을 다음과 같이 알려주고 있다.

홀의사가 맹소녀들을 위해 그의 노력을 집중해 온 반면에, 1903년에 마펫(Alice Fish Moffett)부인은 맹남아들을 위해 비슷한 사업을 시작했다. 그러나 이 학교는 전적으로 한국인의 손에 의해 운영되어 왔다. 1907년에는 6명의 학생이 있었고, 학교기금은 600달러에 달하고 있는 것으로 보고되었다(L. George Paik, 1929, p.403)[62].

남자맹인을 위한 교육사업이 1903년에 시작된 이래, 1907년까지 학생수가 6명에 불과했다면, 그 사업이 소규모였으나, 학교기금으로 600달러가 있었다고 하는 것은 재정적 뒷받침이 튼튼했음을 말해 준다. 그런데 이 남자맹학교의 실제 운영권이 전적으로 한국인에게 맡겨졌다는 것은 당시 선교사들의 사업추진 관례에 비추어 볼 때, 좀 예외적인 것이라 할 수 있다.

한편, 언더우드(Horace H. Underwood)는 "서울에서도 미국인 부인 패쉬(Pash)와 페리(Perry)가 남자 맹인시설을 하나 더 세웠는데, 이것은 남자 맹인들을 수용·보호하는 것이 중심이었으며, 여기에 수용된 남자맹인들은 후에 설립된 공립맹아학교로 옮겨졌다"(H. H. Underwood, 1926, p.153)고 보고하고 있으나, 실제로 언제부터 시작했는지는 밝혀지지 않고 있다. 그러나 「Korea Mission Field」(1914)에서는 1900년부터 서울에서 페리부인이 맹남아를 위한 수용보호 시설을 운영해 온 것으로 밝혀주고 있다. 당시 서울에서 남맹아를 위해 운영해 온 사업은 그것이 교육 기관이라기보다 수용·보호시설의 성격이 강했음을 알 수 있다. 또 이 맹인시설은 1913년에 서울에 맹인과 농인을 위한 제생원(濟生院)이 설립되면서, 그 쪽으로 흡수되었음을 위의 언더우드 보고에서 알 수 있다.

농교육의 성립과 프로테스탄티즘

맹여아를 위한 학교 교육이 점차 기반을 잡아감에 따라 홀 여사는 농여아를 위한 교육에도 관심을 가지고 그 준비에 착수했다.

62) Paik, L. Geprge. (1927). *The History of Protestant Mission in Korea,* 1832-1910. Pyonyang: Union Christian College Press.

홀여사는 1892년 남편과 함께 신혼여행차 중국 체후(Chefoo)를 들러 동료 선교사가 그곳에서 운영하고 있는 농아학교를 방문한 적이 있었는데, 이때부터 이미 홀 여사는 농교육에 관심을 가지고 있었던 듯하다. 백낙준 박사는 「제1회 극동 맹·농 교육자회의 보고서」(Report of the Annual Convention on the Blind and Deaf in the Far East, 1914)에서 한국 최초의 농교육 시작을 다음과 같이 소개하고 있다.

> 당시 교육사업은 그 범위가 매우 넓어서 그 상세한 기록을 남기기는 어렵다. 그러나 우리는 평양에서 맹인을 위해 수행된 훌륭한 사업에 대해서는 언급치 않을 수 없는데, 이미 소개한대로 이 사업은 홀여사에 의해 시작되었다. 1909년에 농교수법을 연수케 하기 위해 그녀는 중국 체후에 이익민과 그 부인을 파견했다. 이씨 내외는 귀국 시에 그 학교에서 훈련받는 자기 조카를 데리고 왔다. 이 두 사람의 조력으로 홀 의사는 한국에서 최초로 농학교 교육을 시작하였다(L. George Paik, 1929, p.403).

이상의 기록에 의하면, 농교육은 처음부터 한국인으로 하여금 미리 교수방법을 익히게 한 다음 시작하였음을 알 수 있다. 한편 언더우드(H. H. Underwood)는 「Korea Mission Field」에서 인용하여 우리나라에서 농교육의 성립을 다음과 같이 보고하고 있다.

> 맹교육이 시작된지 10년 후에 홀 여사와 록웰(Rockwell)씨는 중국 체후에 있는 밀(Mill)부인의 농학교에 농교육 시스템을 배우게 하기 위해 한국인 한 사람과 그의 처를 파견했다. 그들은 그곳에서 농교수법을 확실히 익혀 다른 사람들을 지도하기 위해 한국으로 돌아왔다. 평양에 있는 작은 학교는 그간 결코 많은 시설이 확충되지 않았지만, 이제 맹과 농 양쪽 모두를 위한 기관으로 발전했다(H. H. Underwood, 1926, p.153).

이상에서 보면, 전술한 백낙준의 인용보고와 두 측면에서 차이점을 발견하게 된다. 즉, 하나는 중국 체후에 있는 농학교에 농교수법의 연수를 위해 한국인 한 사람(이익민)과 그 부인도 함께 파견되었다는 점이다. 그곳에서 구체적으로 어떤 방법의 농교수법을 연수했는지에 대한 직접적인 기록은 없으나, 당시 정황을 김칠관(1995)은 관련 자료를 종합적으로 검토하여 다음과 같이 밝히고 있다.

> …(전략) 이익민의 파견(백낙준, 1973, p.403)을 통해 추정할 수 있는 평양맹아학교에서의 언어지도 방법은 중국 계음학교(啓音學校)의 그것과 같은 것이었다고 볼 수밖에 없다.
>
> 계음학교는 1887년에 설립된 중국 최초의 농학교였는데, 설립초기에는 벨(A. G. Bell)의 시화법(system of visible speech)을 기초로 한 언어지도 방법을 도입하고 있었다. 따라서 그것은 표음기호에 의한 요소법이 그 핵심이었다. 그러나 그 뒤 방법의 변화는 1914년의 제1회 동아맹아교육회의를 계기로 드러났는데, 「담화교수상의 신사상」(A. E. Carter, 1914)은 예일(Yale, 미국 클라크 농학교)의 어문법(word and sentence method)으로 추정되는바, 클라크 농학교에서 벨의 시화법지도가 어문법으로 바뀐 사실(荒川勇, 1974, p.124)로 미루어 그러하다. …(중략) 따라서, 이 학교에서의 언어지도는 어문법을 기초로 한 독화법과 청음기기를 이용한 발음법이 중심이었을 것으로 추정된다(인천성동학교 40년사, 1995, pp.62- 63)[63].

이상에서 볼 때, 초기 평양맹아학교에서 농학생을 위한 언어지도 방법은 구화법을 기본적으로 강조하고 있었음을 알 수 있다.

다른 하나는 홀 여사에 의해 추진된 농교육의 시작 연대가 1909년과 1908년으로 다르게 보고되고 있다는 점이다. 언더우드는 맹교육을 시작한 지(Underwood는 1989년으로 밝힌 바

63) 인천성동학교 (1995). **인천성동학교 40년사**. 인천성동학교.

있음) 10년 후라고 했으니 1908년이 되며, 또 그의 「Modern Education in Korea」의 부록 연표에서도 "1908: Classes for the Deaf begun; in Pyengyang in connection with School for the Blind"(H. Underwood, 1926, p.327)라고 적고 있어, 백낙준 박사가 인용한 농교육 시작 연대(1909)와 차이를 나타내고 있다.

그러나 홀 여사의 외아들 셔우드 홀 박사는 그의 「조선회상기」에서 "1908년 평양 부인병원의 새 건물이 완성된 다음 해에 맹인을 위한 교육사업에 농인이 포함됨으로써 그 사업이 확장되었다."(Sherwood Hall, 1978, p.219)라고 적고 있어, 아마 농교육의 준비를 위해 중국에 연수를 보낸 것은 1908년이겠으나, 실제로 농학생을 모집하여 교육을 시작한 것은 1909년 인 듯싶다. 어쨌든 이로써 우리나라에서 홀 여사에 의해 평양 맹아학교에서 최초로 농교육까지 시작되었으며, 이것은 파리에서 세계 최초로 농학교 교육을 시작한 레뻬(I'Epèe)의 농교육에 비해 약 150년 뒤에 시작된 셈이다.

이처럼 로제타 셔우드 홀 여사는 1894년에 평양에서 한 맹여아에게 개인지도를 시작한 이래, 1898년에는 그녀 자신이 고안한 뉴욕식 한글점자 체제에 의해 점자 교재를 개발하여 맹여아에 대한 점자지도를 실시해 오다가, 1900년에는 학교교육(특수학급 교육의 형태)의 체제로 맹교육을 발전시켜 왔다. 이어 홀 여사는 1908년부터 농교육의 실시를 위한 준비단계를 거쳐, 1909년에는 농교육까지도 우리나라에서 최초로 실시함으로써, 그녀는 한국 특수교육의 성립과정에서 기념비적 존재로서 그 파이오니어가 되었다. 이처럼 프로테스탄트 선교사들은 19세기 말 우리나라에서 근대특수교육의 씨앗을 뿌렸다.

Rockwell 선교사의 특수교육 활동

이상의 프로테스탄트 선교사가 주도한 한국특수교육의 성립 과정에서 홀의 그늘에 가려 자칫 놓치기 쉬운 Nathan Rockwell 선교사에 대해 언급하지 않을 수 없다. 원래 홀 여사는 본업이 의사이기 때문에 병원 일을 돌보는 것을 주된 업무로 해 왔다. 그러나 장애아동을 위한 특수교육사업이 점차 자리를 잡아감에 따라 누군가 이 일을 전적으로 맡아 해야 할 전문가가 필요했다. 그래서 미국해외선교부는 이 일을 전담할 사람을 따로 파견했던 바, 그가 바로 Rockell이다. 그에 대한 기록은 이렇게 전해진다.

> 다행히도 미국여선교부는 이 사업을 위해서 전문가요 이 방면에 많은 연구를 하고 조예가 깊은 나단 록웰(Nathan Rockwell)씨를 1908년 한국에 파송하였다. 록웰 씨야말로 한국 맹인여성을 위해서 태어나고 또 보냄을 받은 분이라 해도 과언은 아니다. 그는 누구보다도 다년간 맹인을 연구하고 교육한 인물로서 한국의 맹인여성을 위해 더없이 훌륭한 일꾼이었다. 그는 한국에 오자마자 우선 전국을 순회하며 맹인 실태조사부터 하였다. 놀랍게도 우리나라에는 여성맹인의 수가 상당히 많다는 사실과 더 가슴 아픈 사실은 이들은 아무도 돌봐주는 사람 없이 그대로 집구석에 방치하여 교육적으로나 장래상으로나 말이 아니라는 점이다. 그는 어떻게 해서든지 이 불행한 여성들을 하루바삐 구해 내고 빛을 주어야겠다고 굳게 다짐했던 것이다. 그는 곧 일을 착수했다. 먼저 맹인시설부터 손을 썼다. 전에 시설은 너무도 미비해 말이 학교지 손을 써야할 곳이 너무나 많았다. 그 동안 세들어 있던 주간학교(필자주: 정진소학교)가 새로 이사하는 기회를 얻어 전 교사(校舍)를 맹아학교로 사용토록 관계기관에 진정, 마침내 이를 손에 넣는 데에 성공했다(장병욱, 1979, pp.170-171)[64].

---

64) 장병욱 (1979). **한국감리교여성사**. 서울: 성광문화사.

이 사업을 위해 록웰 자신은 물론 그 부인과 딸까지도 적극 나서서 맹여아를 가르치고 지도하는 일을 도왔다고 한다. 그러나 록웰 씨는 1910년에 당시 유행하던 전염병에 옮아 세상을 뜨고 말았다. 당시 정황을 Hyness(1937)[65]는 이렇게 전하고 있다.

> 학생들은 어찌나 그를 사랑했던지 그의 죽음은 마치 자식이 어버이를 잃은 것처럼 애절해 했다. 이것은 그의 죽음이 학생들에게 얼마나 큰 슬픔이자 치명적이었나를 증명하는 것이다. 슬픔이 닥친 중에도 사업은 중단되지 않았다. 다행히도 그의 부인과 딸이 록웰 씨를 대신해 이 사업을 계속했던 것이다. ...(중략) 이와 같이 가족 모두가 한국맹인 여성교육을 위해 몸 바쳐 일했다는 사실은 맹인교육사에 길이 남을 사실이다. 그것은 또한 그리스도의 사랑 그것이라 할 수 있는 것이다(장병욱, 1979, p.172에서 재인용).

남편과 아버지를 잃은 록웰 선교사의 부인과 딸이 한국에서 맹인교육을 위해 헌신적으로 일한 사실은 홀 여사의 그늘에 가려 우리들에게 잘 알려지지 않은 숨은 이야기가 되었다. 이상에서 우리는 한국의 여성맹인을 위해 그리스도의 사랑을 실천한 프로테스탄티즘의 개척자적 정신을 엿보게 된다.

프로테스탄티즘의 근대특수교육 평가

지금까지 우리는 구체적인 사실(史實)에 입각해서 미시적으로 프로테스탄트의 유입과 그에 따른 우리나라 근대특수교육의 성립과정을 살펴보았다. 우리나라는 전근대 사회에서도 장애인과 함께하는 해학적(諧謔的)인 여유를 지니고 있었다. 비록 전근대

65) Woman's Foreign Missionary Society (1938). *Fifty Years of Light*. Seoul, Korea: YMCA Press.

적 봉건왕권사회였지만 장애인을 구휼(救恤)하는 일련의 사회복지제도를 운영해 오기도 했다. 그럼에도 일부 재능 있는 맹인들에 대한 점복교육이나 음악교육 이외에 장애인에 대한 특수교육적인 관심에까지는 이르지 못했다. 말하자면 장애인에게 특수한 자료나 방법의 개발을 통해 그들의 교육가능성을 입증하고자 하는 과학적 노력이 부족했던 것이다.

여기서 우리는 19세기 말 '서세동점'(西勢東漸)이라는 시대적 추이에 따라 서양의 근대적 과학기술과 더불어 프로테스탄트 선교사들이 도래함으로써, 프로테스탄티즘과 한국 근대특수교육의 성립을 확인하게 되었다. 특히 프로테스탄트 선교사들에 의한 특수교육에 대한 관심이 그들의 일차적 관심사는 아니었지만, 장애인에 대한 박애정신의 실천, 그를 통한 장애인의 영적 구원이 중요한 동기로 작용했다. 따라서 프로테스탄트 선교사들에 의해 초기에 특수교육 혜택을 받은 우리나라 장애인들은 한결 같이 독실한 기독교 신앙인으로서 새 출발을 맞이하게 된다. 프로테스탄트 선교초기의 맹교육이 당시 맹인 여성들에게 끼친 영향을 감리교 해외여성선교회에서는 다음과 같이 평가하고 있다.

> 선교초기 맹아학교가 맹인여성들에게 끼친 효과는 다대하다. 학교에서 공부하는 맹학생들은 다른 정상인과 똑같이 읽고 쓰는 것을 배울뿐만 아니라 자기신뢰감을 가지고 어떻게 자립생활을 하고 나아가 자기 이웃을 도울 수 있는가를 배운다. 직업교육을 통해 자기 손으로 뜨개질은 물론이요, 여러 수공예를 소질대로 배우고 연마한다. 졸업 후에는 정부가 교부하는 직업 면허증을 얻어 사회로 나아가 정상인과 다름없는 사업을 할 수 있다. 이렇게 처음에는 아무것도 없이 들어 왔지만 나갈 때는 많은 것을 배워가지고 나갔다. ...(중략) 어둡고 암울한 때에 처음으로 여성맹아학교가 생겨 그것은 수많은 (맹인)여성들을 어둠에서 빛으로, 절망에서 희망으로 인도하는 역할을 하였다(장병욱, 1979, p.173).

당시 우리나라에서 맹여성들이 처한 현실에 비추어 초기 맹학교교육은 그야말로 천지가 개벽하는 변화를 보였다. 교육 받은 맹여아들은 글을 읽고 쓸 수 있었을 뿐만 아니라, 졸업과 동시에 국가가 인정하는 안마사면허증을 받아 자립생활이 가능하게 되었다. 그래서 이들 맹인 여학생들은 이사야 42장 16절에서 적은 메시지에 스스로 감사하지 않을 수 없다고 했다. 즉, "나는 낯선 길 가는 소경의 손을 잡아주고, 가 본적 없는 오솔길을 살펴주어, 캄캄하던 앞길을 훤히 트이게 하리라. 험한 길은 탄탄대로가 되게 하리라." 그래서 당시에 교육받은 맹인들은 그들 가족까지도 기독교인으로 전도하는 데에 선도적인 역할을 했다. 결과적으로 특수교육을 매개로 한 교육선교는 초기의 프로테스탄트 선교사(宣教史)에서 그 결실이 계속 확산되어 갔다.

이를테면 한국인으로서는 최초로 1935년 평양에서 광명맹아학교(光明盲啞學校)를 설립한 이창호(李昌浩)는 프로테스탄트 목회자로서 당시 Moffett 선교사가 운영해 오던 남자맹학교를 인수받아 통학제와 기숙제를 병행하는 특수학교로 발전시켰다. 그는 평안남도 용천 출생으로 대한예수교 장로회 평양 노회장을 역임할 정도로 프로테스탄티즘에 깊이 경도된 인물이었다. 한편, 대구에서는 1946년 광복이후 우리나라 최초로 대구맹아학교(大邱盲啞學校)가 설립되기 훨씬 전인 1924년 대구제일교회 당회록에는 "...(전략) 교인 김명도 씨가 맹아학교를 설립코자 청원함에 따라 본 당회는 찬성하고 노회에 청원서를 제출하기로 가결하였다."(김병하, 2007)[66]는 것이 확인된 바, 이 때 이미 대구에서도 개신교 장로교회를 중심으로 특수학교 설립 안이 제기되었음을 알 수 있다.[67]

66) 김병하 (2007). **대구특수교육사**. 경북: 대구대학교 출판부.

이처럼 19세기 말에서 20세기 초중반에 이르기까지 프로테스탄티즘은 우리나라에서 교회설립 운동과 더불어 장애아동을 위한 특수교육 보급의 선구가 되었다. 이것은 프로테스탄티즘의 복음주의, 개인의 구원사상, 그리고 장애인에 대한 기독교의 박애주의가 한데 어우러져 얻어진 결실이라 할 수 있다. 여기서 우리는 프로테스탄티즘이 한국특수교육에 미친 빛과 그림자를 보게 된다. 그 빛은 암울한 시대에 방치되어 있다시피 한 맹인과 농인들에게 근대특수교육의 기회를 제공한 것은 복음주의 입장에서 하느님의 특별한 은총이라 하지 않을 수 없다. 특히 우리의 입장에서 볼 때는 19세기 말 서구문명수용과 더불어 근대특수교육이 도입되는 선구적 실천사례였다.

한편, 그 그림자는 근대 특수교육이 지향하는 공교육으로서의 민주주의 이념 실천이라기보다는 프로테스탄트 선교사들에 의해 하나의 복음적 시혜(施惠)로 베풀어 졌다는 점이다. 게다가 개신교 선교사들은 철저히 개인적 경건주의와 복음주의를 지향한 나머지, 일본의 식민통치하에 고통 받는 우리 민족의 질곡에 대해서는 '정치적 중립주의'라는 명분으로 냉혹하리만치 불간섭 원칙을 고수하고자 했다. 이것은 당시 워싱턴의 외교방침과 미국해외선교본부가 취한 선교정책 간의 묵시적 합의에 그 기반을 두고 있다.

67) 당시 대구제일교회 당회장은 박문찬(朴汶燦; 1879-1934) 목사로서, 그는 대구맹아학교를 설립(1946)한 이영식(李永植) 목사의 장인이었다. 즉, 이영식 목사의 사모인 박두순(朴斗淳) 여사는 바로 박문찬 목사의 장녀였다.

한국에서 프로테스탄티즘의 부흥과 특수교육

광복이후 친미주의(親美主義)에 편승하여 우리나라에서 프로테스탄트 교회의 성장은 세계적으로 그 유례를 찾아 볼 수 없을 만큼 놀라운 것이었다. 이런 측면에서 손봉호 등(2012)[68]은 한국 사회발전에 대한 기독교의 공헌을 다면적으로 논의하고 있다. 그러나 한완상(韓完相)은 「예수 없는 예수교회」(2008)[69]에서 한국의 개신교회에 대해 "한국 기독교를 '개독교'라 폄하하고 개신교 성직자를 '먹사'로 희화하는 오늘의 현실을 보면서 크리스천의 한 사람으로서 자괴하지 않을 수 없다"고 했다. 그는 '한국 개신교의 추락'을 이렇게 질타하고 있다.

> 버림받은 종교를 보면 놀랍습니다. 가장 많이 버림받은 종교가 바로 개신교입니다. 56%의 무종교인이 지난날 개신교 신자였지요. 불교는 20%, 천주교는 18%에 불과합니다. 그러니 불교나 천주교에 비해 개신교를 폐기처분한 사람은 거의 세 배가 된다는 뜻이지요. ...(중략) 한국 개신교에 관한 한 소금과 빛의 역할은 이미 증발되어 없어진 듯하며, 한국 크리스천의 윤리성도 실종된 듯합니다. 세계에서 제일 잘나간다고 알려진 한국 개신교가 자기 나라에서는 불신과 모멸과 비판의 대상으로 전락되고 있다는 뜻이기도 하여 한국 기독교 신자로서 서글프기만 합니다. '믿사오니'의 열정에 있어서 세계 둘째가라면 서러워할 한국 크리스천이 예수의 삶을 '따름'에 있어서는 자국민들의 경멸을 받는 지경이 아닙니까? 어떻게 해서 이 지경에 이르렀는지 깊이 자성해보아야 할 것입니다(한완상, 2008, pp.135-136).

68) 손봉호, 조성표 편저 (2012). **한국 사회의 발전과 기독교**. 서울: 예영커뮤니케이션.

69) 한완상 (2008). **예수 없는 예수교회**. 서울: 김영사.

그러나 여전히 한국에서 프로테스탄트 교회가 차지하는 비중과 역할은 막중하다. 다만 그 역할이 어떻게 발휘되어야 하는가가 문제다. 이반 일리히(I. Illich, 2005)[70]는 서구사회에서 본래 기독교는 최선이었으나 종교의 권력화로 최악의 상태로 타락했다면서, 최선의 것이 타락하면 최악이 된다고 경고했다. 프로테스탄티즘의 돌연변이가 어찌 구미사회 뿐이겠는가? 게다가 한국의 경우에는 기독교에 대한 일리히 식의 분석만으로는 충분하지 않는 불교와 유교의 역사가 있지 않는가. 그래서 박홍규(2009)[71]는 불교나 유교 역시 적어도 한반도의 경우 일리히가 말하는 기독교의 타락이나 돌연변이 이상으로 권력적 타락이나 제도적 돌연변이를 초래했음을 지적하고 있다. 그는 바로 이런 풍토에서 기독교가 우리나라에 별 마찰 없이 들어온 것으로 평가하고 있어 주목을 끈다.

한완상(2008)은 예수가 그 제자들에게 '따름'의 원칙을 천명한 말씀, 즉 "누구든지 나를 따라오려거든 자기를 부인하고 자기 십자가를 지고 따라오라"는 이 명령은 모든 크리스천들이 반드시 그 뜻을 깊이 음미하면서 꼭 실천해야 할 지엄한 선포라 했다. 그리고 이 명령은 크리스천의 자기 정체성을 밝혀주는 영원한 기준이라 했다.

예수는 철두철미 '하느님의 뜻'을 따라 '그의 뜻이 하늘에서 이루어진 것처럼 땅에서도 이루어지도록' 하기 위해 살았다. 하느님의 뜻을 따른다는 것은 곧 하느님의 뜻과 반대되는 '나의 뜻'을 버리는 일이다. 오강남(2012)[72]은 예수를 믿는다는 것은

---

70) Cayley, D. (2005). *The rivers north of the future: Ivan Illich.* 이한, 서범석 옮김(2009). **이반 일리히의 유언**. 서울: 이파르.

71) 박홍규 감수 (2009). 상게서.

72) 오강남 (2012). **종교란 무엇인가**. 서울: 김영사.

예수가 보낸 '메타노이아'(metanoia; 悔改)[73]에의 초대에 응하기로 하고, 이를 위해 예수가 그런 것처럼 하느님의 뜻을 받드는 것과 자기를 비우는 것을 동시에 수행해야 한다고 했다. 한완상(2012)[74]은 하나님의 입장에서 자기를 성찰하는 일이 기도라 했다. 곧 하나님과 역지사지(易地思之)하는 게 기도다. 그래서 기도는 하나님을 닮기 위한 수행의 과정이자 예수 따르미의 명상 실천, 자기성찰의 메타노이아를 통한 영적 화장(spiritual makeup)이라 했다. 이 때 '메타노이아'(메타노에오)는 그냥 '회개'라기보다 "생각을 옮겨 영적으로 다시 태어나라"는 것이다. 그래서 박영호(2012)[75]는 예수가 "내 말을 듣고 하느님께서 주신 얼나를 깨달은 이는 영원한 생명을 얻어 제나에서 영원한 생명인 얼나로 옮긴 것이다."(요한 5;24, 박영호 의역) 이것이 바로 '메타노에오'의 실상이라 했다.

프로테스탄티즘에 영향 받은 이 땅의 모든 장애인들은 개인적 기복(祈福)을 구하는 방편으로서 예수를 따를 것이 아니라, 스스로 자기 십자가를 기꺼이 감당하는 주체로 거듭나야 할 것이다. 예수의 십자가는 자기 비움, 자기 지움의 사랑이자 감동이다(한완상, 2012). 최근 한 종교학술연찬회에서 오강남(2012)

---

73) 김용옥(2007)은 '메타노이아'(metanoia)를 이렇게 풀이한다.

「'회개하라!' 는 말의 원어는 '메타노이아'(metanoia)이며 그것은 노이아의 메타일 뿐이다(a change of mind). 그것은 회개(悔改)가 아닌 회심(回心)이다. 즉 마음의 방향을 트는 것이다. 악한 상태에서 선한 상태로, 이기적 욕정에서 보편적 사랑으로 마음을 돌리는 것이다. "하나님의 나라가 가까웠다. 회개하라."(The kingdom of God is at hand; repent!)라는 것은 원죄를 뉘우치라는 것이 아니다. 우리의 마음의 상태를 바르게 회전시키면 곧 하나님의 나라가 우리에게 성큼 다가선다는 의미다. 회심(回心)은 우리에게 다시 태어남을 요구하며, 바로 그것이 천국이다!」(김용옥, 2007, pp.104-105)

74) 한완상 (2012). **바보예수**. 서울: 삼인.

75) 박영호 (2012). **죽음공부: 다석사상으로 읽는 삶과 죽음의 철학**. 서울: 교양인.

교수는 한국의 신앙인을 '종교적 발달장애'로 규정하면서 "기복성이 강한 표층믿음으로 시작해 '나를 찾는' 심층믿음으로 들어가야 하는데, 그렇게 들어가지 못하는 게 종교의 발달장애"(한겨레, 2012.10.18)라 했다. 바로 이런 관점에서 우리는 프로테스탄티즘의 한국 특수교육론적 함의를 성찰해 보아야 한다. 이제 이 땅의 장애인들은 자신의 장애를 보상 받기 위한 방편으로 교회를 찾을 것이 아니라, 자기 십자가를 기꺼이 짊어지는 주체로 당당히 서야 한다. 동시에 이 땅의 비장애인들은 예수가 그랬듯이 변두리에서 뿌리 뽑힌 삶을 살아온 장애인의 손을 잡고 "일어나 한가운데로 서시오"라며 중심부로 끌어 들여야 한다. 특히 장애인과 함께하는 특수교육인들은 "지극히 작은 자에게 한 것이 곧 내게 한 것이라"는 성경 구절을 자신의 삶으로 육화(肉化)해야 한다. 그래야 예수 안에 사는 내가 살아난다. 그리고 특수교육이 교육답게 살아난다.

5. 유학·불학·프로테스탄티즘의 회통(會通)과 한국특수교육론

우리나라는 전형적으로 종교다원성(syncretism) 지향 사회다. 우리나라에서 불교, 기독교, 천주교는 신통하게도 황금분할을 유지하고 있다. 신학자인 한스 퀑(Hans Küng)은 "종교 간의 평화 없이 세계의 평화는 없다"고 했다. 최근 구미와 이슬람권의 갈등은 종교와 평화의 관련성을 잘 보여주고 있다. 길희성(2004)[76]은 우리가 종교다원성을 인정하고, 모든 종교가 하느님께 나아갈 수 있는 길이라는 것을 인정하게 되면 종교다원주의자가 된다고 했다[77]. 다석(多夕) 류영모(柳永模; 1890-1981) 선생은 "우리가 유교·불교·기독교를 서로 비추어 보아야 서로서로가 뭔가 좀 알 수 있게 된다"면서 "하느님의 씨는 예수의 영아(靈我), 석가의 법신(法身), 공자의 덕여(德予), 노자의 도오(道吾)와 같다"고 했다(김영호, 2012)[78]. 이처럼 류영모가 예수

---

76) 길희성 (2004). **보살예수: 불교와 그리스도교의 창조적 만남**. 서울: 현암사.

77) 길희성(2004)은 불교와 기독교의 창조적 만남을 위해 이렇게 말하고 있다.
「이제 아시아의 그리스도인들은 "너희는 나를 누구라 하느냐? 하는 예수의 질문에 과감하게 "당신은 우리 아시아인의 마음을 그토록 오래 사로잡아온 보살의 모습을 가장 확실하게 보여주는 분이며, 지금도 고통 받는 중생의 아픔을 함께하고 있는 자비로우신 보살입니다."하고 고백해도 좋을 것이다.」
(길희성, 2004, p.212)

78) 김영호 (2012). **다석 전기: 류영모와 그의 시대**. 서울: 교양인.

· 석가 · 공자 · 노자를 함께 이야기하기를 좋아하는 것은 예수뿐 아니라 공자 · 석가 · 노자도 성령의 얼 나로 거듭난 사람들로 보기 때문이다. 최근에 장재진(2011)[79]은 유(儒) · 불(佛) · 도(道)에 기독교를 두루 아우른 다원주의적 종교혼합주의 형성과정을 논하면서, 이를 토대로 근대동아시아 유토피아니즘의 구축을 제기하고 있어 주목을 끈다.

유학-불학-프로테스탄티즘의 회통

어쩌면 종교다원주의 이상은 동아시아문명의 공통적 특징이기도 하다. 차이더구이(蔡德貴, 2008)는 유학은 문화교류를 거치면서 다섯 단계 유형으로 발전해 왔다고 했다. 즉, (1) 원시유학의 유술독존(儒術獨尊), (2) 유도호보(儒道互補), (3) 삼교합일(三教合一), (4) 사교회통(四教會通), (5) 다원융합(多元融合)으로의 발전이다. 이것은 거시적으로 문화교류 관점에서 유학의 발전과 그 정통성을 정립하고자 하는 중국 학계의 입장이다.

특히 중국의 학술유학은 위 다섯 차례의 발전단계를 충실히 거쳐 온 것으로 본다. 첫 번째의 오직 유학만을 존중하는 '유술독존'(儒術獨尊) 단계는 공자, 맹자, 순자 3대 성인들의 생존 시기를 중심으로 한다. 그 후 유학자들 가운데는 노자의 도가(道家)사상을 적극 받아들여 학술유학의 두 번째 단계인 '유도호보'(儒道互補)형의 유학을 정립했다. 유학과 도가사상이 상호 보완하는 이 유학은 중국 위진(魏晋) 시대에 가장 두드러졌다. 이후 중국에서 불교의 세력이 점차 커짐에 따라 송명(宋明) 시대의 유학사상가들은 불교의 수준 높은 추상적 사고를 받아 들여

79) 장재진 (2011). **근대 동아시아의 종교다원주의와 유토피아**. 부산: 산지니.

유학의 형이상학적 체계를 구축하는 데에 도움을 받았다.

우리나라에서 꽃을 피운 정주의 이학(理學)을 중심으로 한 성리학은 대체로 삼교(三教; 즉, 儒 · 佛 · 道의 3교)를 융합한 성과의 산물이다. 송나라 말부터 청조 초기에 나타난 '사교회통'(四教會通)형 유학은 크게 두 방향으로 발전했다. 그 하나는 유교, 불교, 도교, 기독교에 정통한 유학자들의 한 부류이며, 다른 하나는 유불선과 청(淸; 이슬람교를 중국에서는 淸眞教로 불렀다)의 융합이다. 이 '사교회통'에서 결과적으로 전자는 실패하였으나, 후자의 회통은 비교적 성공적인 영향[80]을 미친 것으로 평가한다(박영인 옮김, 2012)[81]. 마지막으로 '다원융합'(多元融合)에서 공자는 중국의 공자일 뿐만 아니라 세계의 공자임을 인정하지 않을 수 없다는 것이다. 이것은 중국의 입장에서 본 학술유학의 발전단계이다.

그러면 우리나라는 어떤가? 유동식(柳東植; 1975)은 역사적으로 한국문명은 중국문명이라는 태양(독립문명)을 도는 지구(위성문명)이지만, 한국문화 심층의 지핵(地核)으로 '무교'(巫教)에 주목하고 있다. 그는 '한국무교의 문화사적 의미와 연구과제'를 이렇게 기술하고 있다.

> 한국문명은 역사적으로 중국문명이라는 태양을 도는 지구였다. 중국으로부터 문명의 빛을 받아들여서 한국문화의 지층을 형성해 왔다. 가장 깊은 암석층을 이루고 있는 것은 천여 년에 걸쳐 받아들인 중국의 문물제도와 불교의 이데올로기이다. 그 위의 지층을 형성하고 있는

---

80) 이를테면 이슬람의 관점에서 유학사상을 해석한 「청진대학」(淸眞大學)은 영어로 번역되어, 미국 사회에서는 명나라 말과 청나라 초의 이슬람 사상가들 중에 추상적 사고가 높은 학자가 있었다는 사실에 놀라 큰 반향을 일으켰다고 한다(박영인 옮김, 2012).

81) 박영인 옮김 (2012). **공자왈 vs 예수 가라사대**. 서울: 지와 사랑.

> 것이 유교문화의 지각(地殼)이다. 그리고 19세기 말에서 오늘에 이르기까지 한 세기에 걸쳐 급속도로 형성되어 가고 있는 지표층이 있다. 기독교를 동반한 서구문명이다. 근대화란 이름 아래 진행되고 있는 오늘의 한국문화 경향이 바로 그것이다. 그러므로 한국문화의 지층은 최소한 세 겹으로 되어 있는 셈이다.
>
> 지구의 속 한가운데는 지핵(地核)이 들어 있다. 실은 이것이 있어 이것을 바탕으로 지각의 각층을 형성할 수 있다. 한국의 문화란 세 겹의 문명 층으로만 되어 있는 둥근 파가 아니다. 한국문화 역시 그 심층부에는 지핵이 들어 있다. 그리고 이것이 있어 외래문명을 받아들여서 자기의 껍질을 만들 수 있었던 것이다.
>
> 한국문화의 지핵은 무교(巫敎)이다. 외래문명을 받아들이기 전 한국에는 억압 없이 무교가 노출되어 있던 때가 있었다. 이것이 바탕이 되어 외래문명을 받아들이고 문화지층을 형성하게 했다. 그러나 지각은 차츰 무교를 억압하기 시작했다. 이조 오백년 사이의 유교와 근대화의 물결을 몰고 온 서구문명이 오늘의 지표를 형성하자 무교에 대한 억압은 더욱 심하여졌다. 뜨거운 원초기의 무교에 접촉했던 불교는 그 열에 적지 아니 용해되어 상당부분이 동질화되기도 했다. 그러나 무교는 겹겹이 쌓이는 지각의 봉쇄와 중압에 못 이기어 지하로 물러앉고 한국문화의 표면으로부터 사라져 가고 있다(유동식, 1975, pp.14-15).

유동식은 한국문화 형성의 세 지층으로 불교, 유교, 기독교에 주목하면서 그 지층(地層)의 심층부에 해당하는 지핵(地核)으로서 '무교'(巫敎)를 들고 있다. 그러나 무교는 불교, 유교, 기독교라는 세 지층의 중압에 못 이겨 사라져 가고 있다는 것이다. 그럼에도 문화적 습속으로서의 무속(巫俗) 혹은 종교적 현상으로서의 무교(巫敎)는 민중문화의 저변을 흐르면서 여전히 '지핵'을 형성 · 유지하고 있다는 것이다. 그래서 무교가 창조적인 열량으로 변화 · 발전되기만 한다면, 이것으로부터 새로운 문명의 가능성을 꿈 꿀 수 있다는 것이다. 새로운 문명의 가능성은 한국문화의 실재(reality)로부터 도출되어야 한다. 그 실재를 필자는 우리의 문화와 역사성을 형성해 온 유학-불학-프로테스탄티즘의 회통(會通)을 통해 보고자 한다.

원효의 회통과 화쟁론

우리에게 회통(會通)의 철학은 원효(元曉; 617-686)에서부터 진작에 제기되었다. 원효의 '화쟁'(和諍)은 '다툼의 화해' 혹은 '다름의 소통'을 위한 철학이다. 박태원(2012)[82]은 원효 화쟁(和諍)사상의 보편원리를 세 가지로 요약한다. 즉, 그 첫째는 각 주장의 부분적 타당성(一理)을 변별하여 수용하는 것, 둘째는 모든 쟁론의 인식적 토대를 초탈·포용할 수 있는 마음의 경지(一心 혹은 心源)에 올라야 한다는 것, 마지막으로 쟁론은 분명 '언어에 의한 다툼'이므로 언어를 제대로 이해해야 한다는 것이다.

박성배(朴性培; 2009)[83]는 '원효의 화쟁 논리'에서 '모두 다 틀렸다' 또는 '모두 다 맞았다'는 말은 원효가 세상 사람들의 싸움을 말리면서 자주 쓴 말이라 했다. 그는 원효가 '모두 다 틀렸다'고 말할 때는 상대방만 틀린 게 아니고 나도 틀렸다는 것을 인정하자는 것이며, 또 '모두 다 맞았다'고 말할 때는 나만 맞은 게 아니고 남들도 맞았다는 것을 인정하자는 것이라고 했다. 원효가 '모두 다 틀렸다'(즉, 皆非)라고 말하는 것은 불성(佛性)에 대한 어떠한 설명도 완전하지 못하다는 것을 깨우쳐 주기 위함이요, '모두 다 맞았다'(즉, 皆是)고 말하는 것은 불성에 대한 각각의 설명이 불완전하지만 나름대로 모두 일리가 있다는 것을 인정해야 한다는 것이다.

---

82) 박태원 (2012). "원효 화쟁사상의 보편 원리". **네이버 블로그.**

83) 박성배 (2009). **한국사상과 불교**. 서울: 혜안.

그는 '화쟁'(和諍), 즉 싸움을 말리는 데 있어 누가 진짜이고 누가 가짜인가를 가르는 기준을 제기한다. 사이비들은 싸우고 있는 양쪽을 제대로 모르면서 양부정과 양긍정을 남발하는 데 반하여, 진짜 싸움 말리는 사람은 양쪽을 다 알고 난 다음에 부정할 것은 부정하고 긍정할 것은 긍정한다는 것이다. 원효에게 싸움 말리는 자격으로서의 '양쪽을 다 앎'이란 코끼리의 전체를 바로 보지 못하는 '눈멂'에서 전체를 바로 보는 '눈을 뜸'으로써만 가능하다(박성배, 2009). 원효의 '화쟁' 논리에 따르면 우리는 불학이면 불학, 유학이면 유학, 프로테스탄티즘이면 프로테스탄티즘을 바로 알아야 한다. 그런 다음에 우리는 불학-유학-프로테스탄티즘 전체를 가로질러 보는 회통(會通)의 '눈뜸'을 견지해야 한다.

동학의 회통론

19세기 서학(西學)에 대응하여 수운 최제우(崔濟愚)는 유・불・도 삼교와 기독교까지 회통・융합하여 '동학'(東學)을 제기했다. 그는 "동에서 태어나 동에서 받았으니 도는 천도(天道)라 하나 학은 동학(東學)이다. 하물며 땅이 동서로 나뉘어 있는데 서(西)를 어찌 동(東)이라 하며, 동을 어찌 서라 하겠는가."라고 하여 학(學)의 이름을 '동학'(東學)이라 했다. 도올 김용옥(2004)[84]은 조선민중에게 불교와 유교와 기독교는 이명(異名)이지만 동실(同實)이었을지도 모른다면서, 그 반만년의 누적된 기층 속에는 하나의 주제인 '플레타르키아'(pletharchia)가 있었다는 것이다. 그러나 그 '플레타르키아'의 수직적 초월구조를 근원적으로 수평

84) 김용옥 역주 (2004). **동경대전**. 서울: 통나무.

적인 관계구조로 바꾸는 작업은 동학에 이르러서나 이루어진 것으로 본다. 동학에서는 그것을 '개벽'(開闢)이라 불렀고, 이 개벽사상은 단계론적 · 직선적 역사인식 속에서는 이해될 수 없는 새로 태어남이다(김용옥, 2004). 그는 조선의 20세기 암흑과 21세기의 희망은 모두 이 '개벽'의 패러다임 속에서만 논의될 수 있는 것이라 했다.

원효의 '화쟁'(和諍) 논리에서 우리는 심원(心源)으로 돌아가 전체를 가로질러 통찰하는 '눈 뜸'을 배워야 한다. 19세기의 서세동점에 대응하여 최제우가 제기한 민중이 주인이 되는 동학의 '개벽'사상을 통해 우리 스스로의 담대한 주체성을 정립해야 한다. 그 주체성은 세계화 속에서 '화이부동'(和而不同)으로 자리잡아야 한다. 그래야 우리의 '특수성'이 세계화의 '보편성'과 수평적인 소통이 가능하다. 그 가능성을 조동일(趙東一; 2010)[85]은 동아시아문명론의 오랜 원천에 의거한 '생극론'(生克論; becoming-overcoming)으로 입증하고자 했다. '음양생극론'에 의하면, 음양은 둘이면서 하나여서 상생하고 하나이면서 둘이어서 상극하는 것이 '생극'(生克)의 이치이다. 상생이 상극이고 상극이 상생이어서 언제나 둘이 동시에 이루어지는 것이 아니다. 상극이 상생으로 나아가기도 하고, 상생이 상극으로 바뀌기도 한다. 그는 한쪽으로 기울어진 것을 바로잡으려면, (유물)변증법을 (음양)생극론으로 바꾸어 놓아야 한다고 했다.

이처럼 원효의 화쟁론, 최제우의 동학사상, 그리고 조동일의 생극론은 우리가 유학-불학-프로테스탄티즘을 아우르는 한국특수교육론을 정립하는 데에 중요한 시사를 준다. 이에 필자는 특히 다음 두 측면에 유의하고자 한다. 즉, 그 하나는 한국의 유학, 한

85) 조동일 (2010). **동아시아문명론**. 서울: 지식산업사.

국의 불학, 한국의 프로테스탄티즘 각각이 한국특수교육론 정립에 주는 시사에 유의할 것이다. 다른 하나는 한국의 유학-불학-프로테스탄티즘을 가로지르는 회통(會通)의 한국특수교육론 정립에 주목할 것이다. 전자의 한국특수교육론은 이미 앞장(2,3,4장)에서 어느 정도 논의된 것으로 본다. 다만 여기서는 후자의 한국특수교육론 정립에 무게를 두면서 힘자라는 데까지 전자의 성과를 융합·회통하는 데에 주력하고자 한다.

유학의 한국특수교육론

인간학으로서 유학의 요체는 '천인합일'(天人合一)로 요약된다. 동학에서는 '하늘에서 사람으로'를 '사람에서 하늘'로 개벽(開闢)하여 '사람이 곧 하늘'(人乃天)이라 했다. 수운(水雲)은 베틀에 앉아 일하는 며느리를 보고 하느님이라 했다. 일하는 며느리=하느님은 인간 존엄의 극치이자 혁명이다. 「중용」에서는 '천인합일'을 매개하는 개념으로 '성'(誠)을 가져왔다. 그래서 「중용」을 성(誠)의 철학이라고도 한다. '성'(誠)은 말한 대로 이루는 삶이다. 즉, 앎이 곧 삶이 되고 삶이 곧 앎이 되는 경지이다. 따라서 앎과 삶이 하나 됨이 곧 '천인합일'의 경지다. 그래서 「중용」에서는 "성(誠) 그 자체는 하늘의 도(道; way)이고, 성(誠)해지려고 노력하는 것은 사람의 도"(誠者 天之道也, 誠之者 人之道也)라 했다.

도올 김용옥(2011)[86]은 우리 인생은 종착지인 '성자'(誠者)역을 향하여 '성지'(誠之)호라는 열차를 타고 끊임없이 달리는 여정(旅程)에 비유했다. 열차는 달리는 한에서만 열차이기 때문

86) 김용옥 (2011). **중용: 인간의 맛**. 서울: 통나무.

에, 언제 종착역에 도달할지는 질문의 대상이 되질 아니한다고 했다. 열차는 과정(過程; process)인 것처럼 인생도 과정이다. 인생의 목적이 그 과정에 내재하듯이, 교육의 목적도 그 과정에 내재한다. 그래서 '성자'(誠者)는 '성지자'(誠之者)에 내재하며, 과정으로서의 '성지자'는 목적으로서 '성자'의 현재완료형이다. 여기서 장애인을 비롯한 모든 인간에 대한 교육의 필요성이 극단하게 혹은 무한정(unlimited)으로 요구된다.

'성자'(誠者)는 '하늘의 도'(天道)이자 '성인'(聖人)의 경지이다. 우리가 성(誠)해지려고 부단히 노력한다는 것은 "선(善)을 택하여 굳게 잡고 실천하는 자세이니"(擇善而固執), 이것이 장애인을 비롯한 보통 사람의 모습이다. 「중용」 첫 장에서 도(道)라고 하는 것은 잠시도 나를 떠날 수 없는 것이라고 했으니, '성지자'(誠之者)는 언제나 '택선고집'(擇善固執)하지 않을 수 없다. 그렇게 살기 위한 방법적 원리이자 과정적 단계가 널리 배우는 '박학'(博學)-자세히 묻는 '심문'(審問)-신중히 생각하는 '신사'(愼思)-사리에 맞게 말하는(혹은 글 쓰는) '명변'(明辯)- 행하기를 힘쓰는 '독행'(篤行)으로 나아간다. 이 과정은 지식인의 전형적인 삶의 모습이자 이상적인 교육의 과정이다. 박학과 심문을 합친 것에서 '학문'(學問)이 성립하고, 신사와 명변을 합친 데서 '사변'(思辨)이 도출된다. 다시 학문과 사변을 합친 것이 앎(知)의 세계이고, 이것은 결국 행함(즉, 篤行)의 세계로 이어져야 한다. 여기서 지행합일(知行合一)의 과정은 결국 천인합일(天人合一)로 이어진다.

이어 「중용」에서는 마치 특수교육을 의식하기나 한 것처럼 이렇게 이른다. "남이 한 번에 능하다고 하면 나는 백번을 하라! 남이 열 번에 능하다고 하면 나는 천 번을 하라!"고 했다. 이 말은 영락없이 특수교육을 향한 좌우명에 해당된다. 이처럼 '호학역행'(好學力行)의 도(道)에 능하게만 되면, 아무리 어리석은 자라도 반드시 밝아지게 된다는 것이 「중용」의 가르침이다. 때문에 특수교육은 '天人合一'의 마지막 증거이어야 한다. 천명(天命)으로 모든 인간에게 품부된 성명(性命)에 따라 택선고집(擇善固執)의 삶을 사노라면 아무리 어리석은 사람이라도 반드시 밝아지게 마련이다. 이것이 유학의 특수교육론 요지이다.

불학의 한국특수교육론

장애아동을 포함한 모든 인간의 교육가능성과 그 가능성에 대한 불퇴전의 믿음으로 교육의 필요성을 불학에서는 더욱 포괄적으로 강조한다. 따라서 필자가 보기에 인간교육의 가능성과 필요성에 대한 형이상학적인 뿌리는 유학과 불학이 다르지 않다. 다만 그 논지가 불학은 유학에 비해 좀 더 추상적이자 포괄적이라는 감이 든다.

교육은 심성함양이자 본성회복의 과정이다. 특수교육을 포함해서 어떤 교육이든지 심성함양 혹은 본성회복에 연관되지 못하면 그것은 교육의 반열에 들지 못한다. 여기 심성함양이니 본성회복이니 하는 말에 상응하여 불학에서는 하나의 마음자리인 '일심'(一心) 혹은 '심원'(心源)이라는 말을 즐겨 쓴다. 그래서 불학에서는 원래 하나인 이 마음자리를 바로 보기만 하면(見性) 누구든지 부처가 된다(成佛)고 했다.

원래 우리의 마음은 하나이지만 그 마음이 드나드는 문은 두 개다. 즉 '일심이문'(一心二門)이다. 그 두 문은 시시각각으로 생겼다가 사라지는 '심생멸문'(心生滅門)과 결코 변함이 없는 참으로 그러한 '심진여문'(心眞如門)이다. 그러나 이 두 문은 개념적 혹은 논리적으로는 그 구분이 가능하지만, 실제로는 중층으로 서로 맞붙어 있기에 두 개의 문이 아니다. 즉, '생멸문'과 '진여문'을 드나드는 마음의 문은 두 개의 문이 아닌 '불이문'(不二門)이다. 기신론에 의하면, 이 두 개의 문은 결코 서로 떨어지지 않는다(二門 不相離)고 했다.

이게 무슨 말인가? 이홍우(李烘雨; 2006)는 「대승기신론통석」에서 '실재의 측면에서 파악되는 마음'(心眞如門)과 '현상의 세계에서 파악되는 마음'(心生滅門)을 일단 '본체'와 그 '표현'으로 고쳐 읽을 때, 그 두 가지가 "오직 개념상으로만 구분될 뿐, 각각 별도로 존재하는 것은 아니다"고 했다. 여기서 '본체와 그 표현'이라는 것이 따로 떨어져 있는 것이 아니라 오직 머리 속으로만 다양한 표현의 이면이나 위에 그 표현이전의 것이 맞붙어 있다는 식으로 두 가지를 구분하기 때문이라고 했다. 이렇게 맞붙어 있는 두 개의 문을 이홍우는 마음과 세계의 '중층구조'(重層構造)라 했고, 기신론(起信論)에서는 '이문 불상리'(二門 不相離)라 했다.

그러면 우리가 '생멸'(生滅)하는 마음의 세계에서 참으로 그러한 '진여'(眞如)의 세계로 돌아가기 위해서는 어떻게 해야 하는가? 지눌(知訥; 1158-1210)은 「근수정혜결사문」(勤修定慧結社文)에서 이르기를 "땅에 걸려 넘어진 사람은 땅을 디디고 일어서야지, 땅을 떠나서 일어서려고 하는 것은 원칙상 불가능하다"(人因地而倒者 因地而起 離地求起 無有是處也)고 했다. '땅에 걸려 넘어진다'는 것은 생멸하는 마음(불학에서는 妄念, 幻覺으로 흔히 표현함)에 끌려 진여의 세계를 떠난 상태이다.

그런데 넘어진 사람이 땅을 디디고 일어서야 한다는 것은 생멸하는 상념(想念)을 딛고 그것으로부터 진여로 돌아갈 수밖에 없다는 것이다. 따라서 생멸심을 버리는 것과 진여에 이르는 것은 두 가지 일이 아니라, 생멸심(즉, 망념 혹은 상념)을 버리는 것이 곧 진여에 이르는 것이 된다. 그러고 보면 상념은 헛되기만 한 것이 아니라 그 속에 진여에 이르는 힘 혹은 길을 감추고 있는 것이다.

기신론에서는 '무시무명'(無始無明)이라 하여 무명(無明)에는 그 시작이 없다고 했다. 여기 '무명'은 상념의 원인으로서 그것이 언제 생겼는지 알 수 없을뿐더러 여태까지 한 번도 그것이 없었던 적이 없다는 것이다. 그래서 기신론에서 "중생은 본래부터 끝없이 계속되는 상념에 얽매어 있으며, 거기서 벗어나는 법이 없다"(대승기신론, 19)고 했다. 일체의 상념은 무명으로 인해 생기며, 그 상념은 모두가 '깨닫지 못함'(不覺)의 양상이다. 불학은 '깨달음'(覺) 혹은 '깨침'을 그 종지로 삼는다. 우리가 상념 속에 사는 상태를 '깨닫지 못함'(不覺)이라면, '깨달음'은 상념을 버린 상태를 가리킨다. 우리가 상념을 버리기 위해서는 상념이 생기는 과정을 되밟아서 그것이 생기기 이전의 심원(心源)인 하나가 된 마음(一心) 자리로 돌아가면 된다. 하지만 그게 말처럼 쉬운 일이 아니다.

그러면 어떻게 할 것인가? 여기에서 '마음 닦기'로서 교육의 필요성이 끝없이 제기된다. 무명에는 그 시작이 없듯이, 수행(修行)의 과정으로서 교육의 필요성은 그 끝이 없다. 기신론에서는 '깨달음'(覺)을 '깨달음의 본체'(本覺)와 '깨달음의 과정'(始覺)으로 구분하여 다음과 같이 설명하고 있다.

> '깨달음'(覺)이라는 것은 상념에서 벗어난 상태로서의 '마음의 본체'(心體)와 그 상태에 도달하는 과정을 일컫는다. ...(중략) '깨달음'이 '진여 그 자체로서 여래의 몸'(如來平等法身) 바로 그것이라는 것을 강조할 때, '깨달음의 본체'(本覺)라는 말이 사용된다. '깨달음의 본체'는 '깨달음의 과정'(始覺)과 대비되지만, '깨달음의 과정'과 '깨달음의 본체'는 그것이 지칭하는 깨달음의 상태에 있어서는 동일하다. '깨닫지 못함'(不覺)은 오직 '깨달음의 본체'를 상정할 때 그것과의 대비에 의하여 성립하며, '깨달음의 과정'은 '깨닫지 못함'에서 '깨달음'으로 나아간다는 것을 나타낸다(대승기신론, 17).

여기서 우리는 본각(本覺)-시각(始覺)-불각(不覺)의 관계를 생각해 볼 필요가 있다. 본각은 시각(깨달음의 과정)을 통하여 도달해야 할 상태이며, 이것은 상념을 떠난 '진여 그 자체로서의 여래의 몸' 바로 그것이다. 본각은 불각의 '위에' 있으면서 불각과 매순간 수직으로 교차한다. 즉, 본각은 상념과 직교(直交)하면서 상념이 진행되는 순간마다 그것을 이끄는 기준이 된다(이홍우, 2006). 기신론에서 "깨달음의 과정(始覺)과 깨달음의 본체(本覺)는 그것이 지칭하는 깨달음의 상태에서는 동일하다"는 것은 결국 깨달음의 과정으로서 '시각'(始覺)은 깨달음의 본체인 '본각'(本覺)의 현재완료형이라는 의미다. 그래서 수행(修行)과 교육의 과정으로서 깨달음의 과정은 그 끝이 없다.

이 대목에서 우리는 지눌(知訥)이 그처럼 강조하여 마지않는 '돈오점수'(頓悟漸修)를 떠올리게 된다. 지눌은 "미망에서 깨어남은 돈(頓)이나 범부가 성인(聖人)이 되는 것은 점(漸)이다"고 했다. 우리는 이치상으로는 이미 부처임에 틀림없지만, 사실상으로는 번뇌로 괴로워하는 중생 그대로이다. 왜 그런가? 지눌은 그것을 우리가 깨닫지 못했던 오랜 세월 동안 무명과 번뇌의 습관적 힘에 지배를 받아 왔기 때문으로 돌린다. 그는 "오(悟) 없는 수(修)는 뿌리는 제거하지 않은 채 돌로 풀을 누르는 행위와 같다"면서 돈오(頓悟) 후에 반드시 점수(漸修)가 따라야 할 이유를 강조했다(길희성, 2001)[87]. 지눌에 의하면, 점수(漸修)는 이론과 실천의 간극을 메우기 위한 부단한 노력의 과정이다. 이것이 수행(修行)의 과정이자 불학에서 강조하는 교육의 전형적 과정이다.

「대승기신론」(大乘起信論)은 그 제목이 말해주듯 '중생인 내가 곧 부처'라는 믿음을 일으키는 것(起信)을 강조한다. 그 믿음은 결코 물러설 수 없는 것이기에 불학의 인간교육 가능성에 대한 믿음은 유학의 천명(天命)과 같은 것이다. 교육은 우리가 어렵다는 핑계로 그만두면 그만인 그런 것이 아니다. 특수교육에서 모든 장애인이 바로 부처라는 불퇴전의 믿음으로 임하는 교육과 장애인은 결국 안 된다는 생각이 은연중에 깔려 있는 교육은 하늘과 땅의 차이이다. 불학에서 깨침은 믿음의 전제다. 깨침이 깊으면 믿음이 확실하다. 확실한 믿음에 의거한 수행(修行)은 마침내 증오(證悟)로 드러나기 마련이다. 때문에 불학에서 모든 인간의 교육가능성과 필요성은 서로 맞물려 끝없이 회전한다. 우룡(愚龍; 2010)[88] 스님은 "정성 '성'(誠)이 부처입니다"고 했다. 유학에서 지성(至誠)의 성(誠)이 성인(聖人)이 되는 길이라면, 불학에서도 정성(精誠) 성(誠)이 부처가 되는 길이다. 그래서 그 심층에서 인간교육에 대한 유학과 불학의 기본입장은 다르지 않다.

유감스럽게도 유학이나 불학은 우리나라 특수교육 실천에 직접적인 영향을 미치지 않았다. 그들은 학문적・종교적 담론을 통해 간접적으로 특수교육의 길 혹은 그 이상적 실재를 제시해 준

---

87) 길희성 (2001). **지눌의 선사상**. 서울: 소나무.

88) 우룡 (2010). **정성 성(誠)이 부처입니다**. 서울: 도서출판 효림.

것 만으로도 우리는 만족해야 한다. 기신론의 마지막 부분 '수행(修行)이 가져다주는 이익'에서는 이렇게 말하고 있다. "어떤 사람이 있어 능히 삼천대천세계에 가득 찬 중생을 교화하여 그들로 하여금 십선(十善)을 행하도록 한다 하더라도, 한 끼 밥 먹을 동안 이 가르침에 대하여 올바른 사색을 하는 것만 같지 못하다"(대승기신론, 93)고 했다. 이 말을 이렇게 바꾸어 놓아 보자. 누가 장애아동을 위해 교육이나 복지를 꾸준히 실천한다 하더라도 불학의 특수교육론적 함의에 대해 한 끼 밥 먹을 동안 바른 사색을 해보는 것만 같지 못하다고. 무슨 말인가? 일상적 실천과 그 실천을 잠시 내려놓고 자신이 하는 일을 반조(返照)해 보는 것과는 그 일의 성질이 전혀 다르다. 기신론에서는 전자의 실천적 공덕에 비해 후자의 사색에 따른 공덕은 이 세상에서 우리가 쌓을 수 있는 그 밖의 어떤 공덕보다 이루 말할 수 없이 한도 끝도 없이 크다고 하였다. 그 만큼 불학에서는 중생 제도의 공덕보다 '마음 안의 공덕'을 중시한다.

프로테스탄티즘의 한국특수교육론

불학이나 유학과는 달리 프로테스탄티즘의 한국특수교육론적 함의를 논할 때, 프로테스탄트의 도래와 우리나라 특수교육 실천과는 떼려야 뗄 수 없는 직접적 연관이 있음을 확인하게 된다. 주지하는 것처럼 우리나라에서 근대특수교육의 성립은 프로테스탄트 선교사의 도래와 직접 관련되어 있다. 즉, 감리교 의료 선교사인 Rosetta Sherwood Hall이 1894년 평양에서 맹여아 오봉래를 만나 직접 개인지도를 시도한 것이 계기가 되어 그 후 뉴욕맹학교에서 직접 뉴욕 포인트를 익혀 뉴욕식 한글점자를 고안하였다. 이런 과정을 거쳐 그녀가 평양에서 본격적으로 맹교육을 시작한 것은 1898년이다. 그 후 평양에서 한국인으로서 처음 특수교육을 시작한 이창호(李昌浩) 목사도 프로테스탄트 선교사가 하던 사업을 이어받아 1935년에 평양광명맹아학교를 설립하기에 이르렀다. 1924년 대구제일교회 당회록에는 "교인 김명도 씨가 맹아학교를 설립코자 청원함에 따라 본 당회는 찬성하고 노회에 원서를 제출하기로 가결하였다"(1924년 4월 12일)고 기록하고 있다. 당시 제일교회 담임목사는 박문찬(朴汶燦) 목사로, 그는 광복이후 우리나라에서 처음 특수교육을 시작(1946년 대구맹아학교 설립)한 이영식(李永植) 목사의 장인이었다. 이런 역사적 맥락에 비추어 볼 때, 우리나라 특수교육은 프로테스탄티즘을 매개로 성립·전개되어 왔다고 해도 과언이 아니다.

그러면 어떻게 해서 프로테스탄티즘이 한국특수교육 성립에 이런 막중한 영향을 미칠 수 있었는가? 필자가 보기에 그 이유는 크게 두 가지에 연유하고 있다. 그 하나는 우리나라에서 프로테스탄티즘의 도래는 서구문명수용과 궤를 같이 한다. 우리의 입장에서는 서구문명수용의 한 방편으로 프로테스탄트 선교사의 입국을 허용하게 되고, 프로테스탄트 선교사들 입장에서는 서구문명 소개의 한 방편으로 교육사업과 의료사업을 앞세워 그들 임무를 수행하고자 했던 것이다. 이런 당시 정황에 따라 개신교를 적극 수용한 평양을 중심으로 근대특수교육이 우리나라에서 처음 실천되기에 이르렀다.

다른 하나는 프로테스탄티즘의 자선박애정신이 당시 가장 비참한 처지에 있던 장애인에게 적극 손을 뻐치게 했을 것이다. 그래서 홀 선교사는 본업이 의사였음에도 이중 삼중으로 고통의 질곡에 처해 있는 맹여아들의 교육에 적극적인 실천 선례를 보였고, 이것이 우리나라 근대특수교육의 효시가 되었다. 그리고 이영식(李永植) 목사는 광복기념사업으로 남이 거들떠보지도 않던 특수교육사업을 1946년 대구에서 처음 시작하였다. 이것은 가장 어려운 처지에 있는 사람들에 대한 기독교 박애정신의 발로였음이 틀림없다. 서인석(徐仁錫; 1979)[89]은 「성서의 가난한 사람들」에서 이렇게 적고 있다.

> 만일 우리의 사회가 '가난한 자들의 권리'를 인정하지 않고 최우선으로 보호하지 않으면, 우리의 사회는 법이 없는 사회가 될 것이다.
>
> 만일 우리의 사회가 '가난한 자들의 외침'을 억압한다면 우리의 사회는 '예언자들이 없는 사회'가 될 것이다.
>
> 만일 우리 사회가 '가난한 자들의 기쁨'을 빼앗는다면, 우리의 사회는 자기에게 고유한 '역사의 새로운 장'을 쓰는 데 무능한 사회가 될 것이다(서인석, 1979, pp.197-198).

그가 말하는 '가난한 자들'의 중심에는 이 땅의 장애인들이 있다. 그는 이 책의 말미에서 "그러므로 오늘을 살고 있는 크리스천들이 어두운 이 세대의 인간들에게, 특히 가난한 사람들에게 그들의 <권리>, 그들의 <외침>, 그들의 <기쁨>을 보장해 줄 때, 우리의 사회는 '율법과 예언서 그리고 성서문집'의 중심사상을 실천하는 밝은 사회가 될 수 있을 것이다"(서인석, 1979, p.199)고 했다. 그래서 고린도 전서 끝 절에서는 "산을 옮길 만한 믿음을 가지고 있을지라도, 사랑이 없으면 아무것도 아니다"고 했다. 과연 오늘의 한국 프로테스탄트 교회와 기독교인들은 그렇게 하고 있는가?

---

89) 서인석 (1979). **성서의 가난한 사람들**. 경북: 분도출판사.
이 책은 후에 서강대 총장이 된 저자가 그의 아버지 서정덕 박사(당시 한국사회사업대학 대학원장)의 고희(1979.05.26)를 맞아 펴내 올린 것이다.

2005년 기준으로 우리나라에서 종교를 가졌다고 응답한 사람이 전체 국민의 53.1%였다. 이를 백분위로 보면 불교가 43.0%로 가장 많고, 개신교 34.5%, 천주교 20.6% 순으로 나타나고 있다. 그런데 우리나라 장애인들의 종교별 분포를 보면 개신교가 75.5%로 월등히 높고, 그 다음이 천주교 15.6%, 불교 8.9% 순으로 나타나고 있다. 여기서 하나 퍽 흥미로운 사실이 발견된다. 우리나라에서 종교를 가진 사람 가운데 불교인이 전체의 43.0%로 가장 많으나, 장애인 가운데 불교를 믿는 사람은 불과 약 9%이다. 그에 비해 전체 종교인 중 개신교 교인은 34.5%인데 반해서 장애인의 개신교 점유는 75.5%로 압도적이다. 이것은 무엇을 의미하는가? 우리나라 장애인들은 불교에 대해서는 상대적으로 소원한 반면에 개신교 쪽에 지배적으로 경도되어 있다. 이것은 앞에서 지적한 것처럼 우리나라에서 프로테스탄티즘과 특수교육은 떼려야 뗄 수 없는 관계에 있음을 반증하는 것이다.

따라서 우리나라 장애인 당사자에게는 구미에서 건너온 프로테스탄티즘이 구원의 종교로 강하게 다가왔고, 프로테스탄티즘 입장에서는 극동의 가난한 나라에서 가장 고통 받는 장애인 문제를 결코 외면할 수 없었을 게다. 이처럼 미국을 중심으로 한 서세동점의 파도를 타고 건너온 프로테스탄티즘은 이 땅에 서구문명의 혜택과 함께 복음의 씨앗을 뿌렸고, 프로테스탄트 선교사들의 복음은 세상과 격리된 삶을 살아온 이 땅의 장애인들에게는 그야말로 '구세주'(救世主)가 아닐 수 없었다. 초기에 특수교육 혜택을 받은 맹여아들의 달라진 모습을 보고 그들 부모뿐만 아니라 이웃 사람들은 마치 하느님의 기적을 직접 본 것처럼 신기하게 여겼다. 그래서 초기에 프로테스탄트 선교사들도 이들 맹소녀들이 그들 부모와 이웃에게 적극 전도하는 것을 보고 장애인 교육에 더욱 보람을 느꼈다고 한다.

그러면 지금의 상황은 어떤가? 필자가 보기에 프로테스탄티즘은 우리나라에서 근대특수교육이 성립한 이후 그 전개과정에서 1970년대까지는 주도적인 영향을 미쳤다고 해도 과언이 아니다. 1977년 말에 특수교육진흥법이 제정되면서 우리나라 특수교육이 공적 책임의 일환으로 자리를 잡아가기 시작했다. 따라서 최근 약 30년간 프로테스탄티즘이 우리나라 특수교육 발전에 미친 직접적인 영향력은 찾아보기 어렵다. 그럼에도 사립특수학교 가운데 프로테스탄티즘을 건학이념으로 강조하는 학교들은 건재하다. 게다가 장애인 당사자들의 대부분은 여전히 기독교 교인이거나 다른 종교에 비해 기독교에 많은 호감을 가지고 있다.

양희송(2012)은 「다시 프로테스탄트」에서 "한국 사회와 개신교는 좋든 싫든 우리가 알고 있는 것보다 훨씬 깊게 결합하고 있다. 한국 사회의 장점과 단점 모두에 개신교는 연관되어 있다"(ibid, p.16)고 했다. 양희송의 이 말에서 '한국사회' 대신에 '특수교육'을 대입해도 신통하게 의미가 통할 것 같다. 우리나라 특수교육의 장점과 단점 모두에 프로테스탄티즘은 깊이 연관되어 있다. 그 장점과 기여는 이미 앞에서 누누이 지적한 바와 같다. 그렇다면 그 단점은? 같은 책에서 양희송(2012)은 "한국 개신교는 최근 제출된 대부분의 지표상에서 "양적으로 감소하고 있고, 질적으로 상태가 나빠지고 있다"고 했다. 필자가 보기에 프로테스탄티즘이 한국 특수교육에 미친 영향은 최근에 와서 그 영향력이 크게 줄어들었을 뿐만 아니라 질적 변화에도 거의 무관한 듯하다. 그리고 대부분의 장애인들은 여전히 개신교를 개인구원의 차원에서 '표층종교'로 받아들이고 있지 않은가 싶다.

21세기 한국의 프로테스탄티즘은 '성장주의'와 '승리주의'에

도취되어 있다(양희송, 2012). 프로테스탄티즘은 종교개혁이다. 종교개혁은 기득권자를 향해 '항의하는 자들'(protestants)이다. 그들이 항의해야 할 메시지는 '성서의 말씀'에 근거한다. 구미의 프로테스탄티즘이 아닌 한국의 프로테스탄티즘은 다시 한 번 한국특수교육의 개혁을 위해 기존의 특수교육 질서 혹은 기득권에 항의하는 개혁의 선두에 서야한다. 그래야 한국의 프로테스탄티즘도 한국의 특수교육도 함께 살아난다. 지난날의 역사에서 그랬듯이 말이다.

유학-불학-프로테스탄티즘의 회통에 의한 한국특수교육론 정립

마지막으로 유학-불학-프로테스탄티즘을 회통하는 한국특수교육론 정립을 집중적으로 논의해볼 차례다. 표층종교에 대응하는 '심층종교'의 특징은 종교 간의 다원성을 인정하되, 그 심층에서 공통성을 찾아내자는 데에 있다. 필자가 보기에 유학-불학-프로테스탄티즘 모두 인간의 존귀함, 즉 인간 존재의 존엄성을 강조한다. 그래서 유학은 '천인합일'(天人合一)을, 불학에서는 '견성성불'(見性成佛)을 말했다. 「성경」 창세기에는 "하나님이 자기 형상 곧 하나님의 형상대로 사람을 창조하되"(God created man in his own image, in the image of God he created him; 창세기 1장 27)라고 했다.

모두 표현의 차이는 있지만 '사람이 하늘'이고(유학), '중생이 부처'이고(불학), '하나님의 형상대로 사람을 창조'(기독교)했으니 이보다 더 인간의 존엄성이 강조될 수가 없다. 단 여기에는 엄중한 전제가 따라 붙는다. 즉, 하늘의 명령이 인간의 본래성

(天命之性)임을 알아야 하고, 자기 맘을 바로 보아야 부처가 될 수 있고, 하느님이 창조하신 얼 나로 내가 솟나야(God within) 한다. 1945년 12월 이집트에서 어느 농부가 발견한 「도마복음」[90]에서는 "내 속에 빛으로 계시는 하느님을 아는 것, 이것을 깨닫는 '깨달음'(gnosis)을 통해 내가 새 사람이 되는 것"(오강남, 2009)[91]을 거듭 강조하고 있다. 이처럼 심층에서 유학-불학-프로테스탄티즘은 서로 만난다.

유학-불학-프로테스탄티즘의 열쇠 말을 한 마디로 압축한다면, 공자의 '인자'(仁慈), 붓다의 '자비'(慈悲), 예수의 '박애'(博愛)를 들 수 있지 않을까 싶다. 이를 다시 압축하면 결국 **인(仁)-자(慈)-애(愛)**라는 핵심어로 연결된다. '인자'(仁慈)로 합치면 유학과 불학이 만나고, '자애'(慈愛)로 합치면 불학과 그리스도가 만난다. '인애'(仁愛)로 합치면 유학과 그리스도가 만난다. 뜻글자인 한문 표기의 묘미가 이런 데에 있다. 유학-불학-프로테스탄티즘이 뜻으로 만나면 회통(會通)이 되는가? 원래 불학은 중국 유학의 영향을 받은 채로 우리나라에 도입되었고, 조선의 성리학은 불학의 옷을 입은 신유학으로 평가된다. 초기에 조선의 지식인들은 유학의 바탕 위에 서교(기독교)를 해석하는 경향이 강했다. 그리고 주체적으로 기독교를 소화하고 성서를 해독했다. 이런 상호연관성에 비추어 우리나라는 그 심층에서 종교간의 소통 혹은 종교다원성이 쉽게 용납된다.

---

90) 오강남(2009)은 예수의 쌍둥이 형제로 알려진 '도마'의 「도마복음」 출처를 이렇게 설명한다.

「도마복음」 콥트어 사본은 대략 기원후 350년경에 필사된 것으로 짐작하고 있습니다. 그러나 「도마복음」 자체는 여러 정황을 참작해 볼 때 기원후 약 100년경, 「요한복음」이 씌어진 것과 비슷한 연대에 지금의 형태로 완성되었을 것으로 보고 있습니다(오강남, 2009, p.18).

91) 오강남 (2009). **또 다른 예수**. 서울: 예담.

류영모(柳永模; 1890-1981) 선생은 우리나라에서 심층종교 차원에서 종교와 사상을 통섭한 특출한 (비교)종교사상가다. 그는 성서적 입장에서 공자, 붓다, 노자와 소통함으로써 '종교의 심층을 통섭한 참 스승'(오강남, 2011)[92]으로 평가된다. 이를테면, 류영모는 「요한복음」 3장 16절의 "하나님이 세상을 이처럼 사랑하사 독생자를 주셨으니 이는 누구든지 그를 믿는 자마다 멸망하지 않고 영생을 얻게 하심이라"고 하는 말을 하느님이 우리 마음속에 하느님의 씨앗을 넣어주셨다는 뜻이라 하고, 사람은 제 마음속에 있는 하느님의 씨앗을 키워 하느님과 하나 되는 것을 삶의 궁극 목표로 삼아야 한다고 했다. 이어 공자의 인성(仁性), 석가의 불성(佛性)을 말하면서, 이런 것이 예수가 말하는 '영성'(靈性)과 다를 것이 없다고 했다. 이런 데서 그의 심층 종교관이 돋보인다.

필자는 정년 고별 세미나에서 '심층종교와 특수교육의 만남' 이라는 주제로 제자들 앞에서 이렇게 글을 맺음 했다.(붙임 글 참조)

앞의 논의에서 확인할 수 있는 것처럼 '교육과 종교의 만남'에 대한 이론적 뿌리는 동아시아문명론의 전통 속에 이미 면면히 이어져 왔다. 다만 지금에 와서 우리가 그 전통을 외면했거나 아니면 우리도 모르는 사이에 '오리엔탈리즘'의 주술에 걸려들었는지도 모른다. 지금은 한국특수교육 담론을 우리 스스로의 전통과 목소리로 적극 구성해 가야 할 때이다. 이를테면, 미국으로부터 건너온 기독교(프로테스탄티즘)가 우리에게 '기독교의 한국'이 되어야 하는지 '한국의 기독교'이어야 하는지를 심각히 되물어 봐야한다. 이런 측면에서 필자는 유·불·도 삼교(三敎)의 토양 위에 기독교를 토착화하는 데에 헌신한 류영모(柳永模; 1890-1981) 선생의 삶에 주목한다. 그리고 불교와 기독교의

92) 오강남 (2011). **종교, 심층을 보다**. 서울: 현암사.

회통(會通)에 의해 심층종교론을 정립한 길희성(2004)과 오강남(2006, 2011), 그리고 Knitter(2012)의 담론에 주목한다.

이런 담론의 토양과 성과 위에 심층종교와 특수교육의 만남으로서 한국특수교육론의 실재(實在; reality)를 구축하자는 것이 본 논의의 본래 의도다. 여기에 보탬을 주는 공부가 이어지기를 고대한다(김병하, 2012.08.04).

그러면 유학-불학-프로테스탄티즘을 회통하는 한국특수교육론 실체는 무엇인가? 우리는 특수교육학을 인간학으로 규정하자. 특수교육은 장애아동을 '사람대접'하는 교육이다. 통합교육은 장애아동을 학급의 중심에 두는 교육이다. 장애아동에게 장애(disabilities)는 개성이자 개인차의 주제이다. 호킹 박사는 어떤 경우에나 인간에게 '표준'(standard)은 존재하지 않는다고 했다.

인간학으로서 특수교육(학)은 과학적일 필요는 있지만 과학은 아니다. 왜냐하면 교육은 심성함양(心性涵養)이자 본래성(本來性)의 회복이기 때문이다. 교육은 통제적 변화(controlled growth)라기보다는 궁극적으로 영성(spirituality)의 열림이자 깨침이다. 영성은 신비롭다. 그래서 (특수)교육은 신비다. 장애아동은 단지 과학적 분석의 대상이 아니다. 개인 한 사람 한 사람에게 본래부터 내재해 있는 신비의 빛이 세상을 두루 비추도록하자. 이것이 (특수)교육의 존재 이유다. 독일의 '리틀 아트' 설립자인 엘레나 양커(2012)는 아동의 장애를 진단하기보다는 장애아동의 영감(靈感)을 끌어내야 한다면서, 장애아동이 예술 활동을 통해 자기를 창조하는 가능성은 무궁무진하게 열려있다고 했다(한겨레, 2012.12.03). 물론 교육의 신비에 입문하기까지 특수교육은 무한한 인고(忍苦)와 헌신을 요한다. 그래서 특수교육은 '교육 중의 교육'이고, 특수교육에 개입하는 모든 교사는 '교사 중의 교사'이어야 한다. 이것이 필자가 얻은 결론이다.

그래서 이렇게 제언한다. '지금 여기'에서 '한국특수교육론'을 어떻게 정립해야 할까? 유학과 불학은 직접적으로 특수교육 실천에 기여하지는 않았으나, 한국특수교육론이 실재해야할 '궁극적 실재'(ultimate reality) 세계를 열어주는 데에 기여하였다. 대승기신론(大乘起信論)의 표현을 빌리면 그것은 눈에 보이는 바깥세상의 공덕과 비할 수 없는 '마음 안의' 공덕에 기여한 셈이다. 문제는 우리가 그 '마음 안의 공덕'에 눈을 뜨지 않으면 '있으나 없는' 것과 같다. 류영모 선생에 의하면, 하느님은 '없이 있는' 실재다. 유학의 '천명'(天命)이나 불학의 '진여'(眞如)가 그러하다. 있으나 없는 줄 알고 사는 것과 '없이 있는' 것을 챙기는 삶은 땅과 하늘의 차이다.

19세기 말 프로테스탄티즘의 도래와 더불어 이 땅에서 근대 특수교육이 성립한 것은 구원과 복음의 위대한 증거다. 이것은 서양 선교사들이 자선박애사업의 일환으로 이 땅에 뿌린 특수교육의 고귀한 씨앗이다. 그 씨앗이 풍성한 열매로 거둬들여지게 하기 위하여 이 땅의 프로테스탄티즘은 인간존엄 실현으로 거듭나야 한다. 그래서 양희송(2012)은 '다시 프로테스탄트'를 제기하면서, 한국교회를 향하여 우리는 지금 어디에 서 있는가를 묻는다. 이 땅의 장애인은 자신의 십자가를 지고 당당히 일어서야 하고, 이 땅의 특수교육인은 '특수교육'이라는 공공성에 헌신하는 성자(聖者)로 거듭 나야 한다. 아닌 게 아니라 교직이 '성직'(聖職)의 반열에 들지 못하면 (특수)교육이 교육답게 서질 못한다.

바라건대 한국특수교육론은 불학과 유학으로부터 뿌리의 자양분(마음 안의 공덕)을 튼실하게 공급받는 가운데, 프로테스탄티즘의 열정으로 그 실천 줄기가 왕성히 뻗어나야 한다. 물론 그 속에 한국특수교육의 공공성에 무한 헌신하는 특수교육(학)인이

줄을 이어야 한다. 그래서 한국특수교육론의 특수성이 세계 특수교육의 보편성과 소통되고 그것에 보탬을 주어야 한다. 우리의 특수성에는 세계의 보편성이 내재해 있다. 그 속에 한국특수교육론이 당당하게 정립되는 날을 간절히 고대한다.

6. 마무리

한국특수교육론은 어떻게 실재하는가? 필자는 한국특수교육론의 뿌리를 유학·불학·프로테스탄티즘으로부터 찾고자 했다. 유학과 불학은 전형적으로 동아시아문명의 산물이지만, 프로테스탄티즘은 우리에게 서구문명수용과 그 궤를 같이한다. 우리나라는 세계적으로 종교다원성이 가장 무리 없이 뿌리를 내린 나라이다. 인구통계학적으로 종교 간의 황금분할을 신통하게 유지하는 것이 그 단적인 증거다. 우리에게 유학-불학-프로테스탄티즘을 회통(會通)하는 한국특수교육론의 실체는 무엇인가? 그리고 한국특수교육론이 동아시아문명 속에서 세계특수교육의 보편성에 어떻게 기여할 수 있는가?

저자가 보기에 우리나라 특수교육론의 이론적·형이상학적 뿌리는 유학과 불학의 인간관에 잘 반영되어 있다. 그리고 우리나라 특수교육의 실천적 동력은 프로테스탄티즘의 도래와 그 전파과정에 잘 반영되어 있다. 한국특수교육론의 이론과 실천을 아우르는 고도의 전문성은 특수교육(학)인들의 몫이다. 불행하게도 엄격한 의미에서 한국특수교육학인들은 한국특수교육론의 자생적 담론을 생성해 내지 못하고 구미 특수교육 담론을 수입해서 소개하는 수준에서 자족해 왔다. 그리고 그 담론은 철저히 과학적 기능주의를 반영하는 것이었다. 미시-질서적 객관성을 존중

하는 기능주의(functionalism) 담론이 그간 한국특수교육의 과학적 합리성 제고에 기여한 공을 우리는 결코 간과할 수 없다. 그러나 우리는 그간 우리 몸속의 핏줄처럼 면면히 이어져 온 유학과 불학의 형이상학적 전통을 스스로 외면함으로써, 동아시아 문명론으로부터 '온고지신'(溫故知新)하는 한국특수교육론 정립에 실패하고 말았다.

그러는 동안 우리는 본의 아니게 구미 중심의 오리엔탈리즘(동양폄하주의) 함정에 빠져들고 말았다. 필자는 「한국특수교육론: 우리나라 특수교육(학)의 정체성」(2011)에서 유럽공동체에 상응하는 아시아공동체 형성의 가능성과 그 희망을 '아시아 리얼리즘'(Realism in Asian Art)이라는 미술전을 통해 확인 할 수 있음을 다음과 같이 기술했다.

> 이(아시아 리얼리즘) 미술전에는 한국, 중국, 일본을 비롯하여 인도, 싱가포르, 말레이시아, 인도네시아, 필리핀, 베트남, 타이 등 아시아 전역에 걸쳐 참여했다. 19세기 말에서 20세기 중반에 걸쳐 아시아 대부분 국가들은 식민지가 되면서 동시에 서구의 근대성을 접하게 되었다. 우리는 '아시아 리얼리즘' 미술전을 통해 식민과 독제 압박을 겪은 나라들의 공통적 비극을 눈으로 확인하게 되고, 서구로부터 불어온 바람이 미술을 통해 어떻게 재현되고 있는가를 체감하게 된다. 이런 아시아 리얼리즘의 특성들이 세계미술사를 풍부하게 하듯이, 아시아 특수교육의 리얼리티가 세계화의 한 축을 담당할 수 있어야 한다. 그 속에서 그와 더불어 한국특수교육론이 자기 정체성을 정립해 가야 한다(김병하, 2011, p.295)

미술에서 '아시아 리얼리즘'이 존재하는 것처럼 특수교육에서 '아시아 리얼리티'가 당당히 선보여야 한다. 이런 문제의식에서 한국특수교육문제연구소에서는 '동아시아 특수교육 공동체 구축을 위한 한·중·일 특수교육의 역할과 과제'라는 주제로 국제

학술대회(2011.01.11)를 개최하였다. 이런 노력이 좀 더 체계적으로 지속되는 가운데 세계 속에 '(동)아시아 특수교육 담론'이 그 실재(reality)를 당당히 드러나게 해야 한다. 그러기 위해 먼저 우리 스스로가 동아시아문명론에 기반 한 한국특수교육론 정립을 주도해 가야 한다. 그래서 특수교육의 동아시아 정족론(鼎足論) 나아가 동북아 균형자론을 우리가 나서서 적극 펼쳐 갈 수 있어야 한다.

이 일을 실제로 추동하기 위해 우리는 어떻게 해야 하는가? 조동일(2010)은 「동아시아문명론」에서 그 실천 방안을 이렇게 제의한다.

> 동아시아 문명사를 다른 문명권의 경우와 비교해 고찰하는 작업을 적극적으로 수행해야 한다. 이 작업에서 세 가지를 얻을 수 있다. 동아시아 문명에 대한 자기 점검을 철저하게 하고, 다른 문명 특히 유럽문명권을 상대로 벌이는 선의의 경쟁을 피차 유익하게 전개하고, 인류문명 전체에 대한 새로운 통찰을 얻을 수 있다. 이제 원대한 포부를 가지고 앞서 나가는 학문을 하자. 수입학과 자립학의 갈등을 넘어서서 창조학을 크게 이룩하자(조동일, 2010, pp.375-376).

조동일의 제안처럼 우리는 먼저 동아시아 특수교육에 대한 비교고찰을 다면적으로 수행할 필요가 있다.[93] 그것에서 얻어진 통찰에 의거하여 세계 특수교육의 보편성에 기여하는 일반이론을 도출해야 한다. 그 이론의 도출을 위한 기초 작업으로 필자는 유학-불학-프로테스탄티즘을 회통하는 한국특수교육론을 제기

93) 조동일은 「학문론」(2012)에서 이렇게 말했다.
「창조학에는 두 단계의 작업이 있다. 첫 단계의 작업인 비교연구를 거쳐 다음 단계인 일반이론 정립으로 나아가야 한다. ...(중략) 비교연구는 일반이론 정립을 목표로 하고, 일반이론은 비교연구를 근거로 삼아야 한다.」(조동일, 2012, p.230)

한다. 조동일(2010)은 지금까지 "유럽문명권이 선도한 근대학문의 한계를 극복하고 다음 시대 학문을 이룩하는 데 동아시아가 앞서서 다른 문명권의 분발을 촉구하는 것이 마땅하다"고 했다.

이제 우리는 근대 이후 시대(post-modernity)를 이끄는 하나의 설계로서 '한국특수교육론'을 당당히 제기하자. 그 설계는 유학-불학-프로테스탄티즘의 회통으로 가능하다는 게 필자의 믿음이다. 수운 최제우는 19세기 말 서세동점에 대응하여 유·불·도 3교와 서교(기독교)까지 아울러 동학(東學)을 내세웠다. 동학은 후천개벽 세상을 창도했다. 이제 필자는 근대 이후 시대에 대응하는 '개벽'(開闢)의 한국특수교육론을 다시 제기한다.

《붙임 글》

심층종교와 특수교육의 만남*

문제 제기

교육은 특정 종교와 중립을 견지해야 하지만, 내면적으로 종교와 교육이 만나면 서로가 좋다. 어째서인가? 교육의 으뜸 되는 경지가 바로 '종교'(宗教)이니, 종교는 곧 교육의 이상적 도달점이다. 종교가 종파적 독단에 빠지지 않기 위해서는 스스로의 교육역량이 튼실해야 한다. 종교와 교육이 만나면 종교의 신비적 베일이 벗겨지는 반면에 교육은 종교의 신비성을 도로 가져오게 된다. 그래서 종교와 교육이 만나면 서로에게 좋다.

나는 종교의 신비성을 특수교육에 전치(轉置)시킴으로써 특수교육이 '교육 중의 교육'으로 거듭 나는 길을 제기하고자 한다. 그러기 위해 먼저 기존의 특수교육을 지배하는 신화를 깨야한다. 그리고 특수교육은 도로 종교의 신비성 속으로 들어가야 한다.

여기서 '심층종교'는 의례적 '표층종교'와 대비된다. 표층종교는 무조건적인 '믿음'을 강요하지만, 심층종교는 내면적 '깨달음'을 중시한다. 그래서 심층종교는 내 속에 있는 진정한 나를 발견하고, 그 참 나가 결국 내 속에 있는 신적 요소라는 사실을 깨달으라고 가르친다.[94] 그래서 교육의 궁극은 곧 종교라는 것이 필

---

* 이 글은 필자의 정년기념 세미나(2012.08.04. 대구대 성산홀)에서 발표한 것이다.

자의 신념이다. 필자는 특정 종교를 믿지 않지만 교육과 종교의 내면적 만남을 통해 특수교육을 '교육 중의 교육'으로 자리매김하고자 한다.

기존의 특수교육 신화와 그 반성

역설적이게도 기존 특수교육의 신화는 과학의 신화다. 과학적 지식은 '장애'(disabilities) 문제를 합리적으로 설명하고 해명하는 데에 지대한 기여를 했다. 그러나 동시에 과학은 '장애' 문제를 '병리적' 문제로 규정함으로써, 장애를 '치료'로 대상화하는 결과를 초래했다. 이 경우 장애 문제는 당연히 개인의 비극으로 환원되기 마련이다. 그래서 한 때 특수교육은 곧 '장애 보상(補償; compensation)활동'으로 인식되기도 했다. 이런 인식은 아직도 우리나라 국가수준 특수학교 교육과정 목표 진술에 고스란히 반영되고 있다. 은연중에 장애치료의 의료적 개가는 미화되어 왔고, 장애 당사자에 의한 '장애극복'은 장애인의 날에 연례행사처럼 매스 콤의 각광을 받아 왔다. 그러는 중에 대부분의 장애민중은 '장애인의 날'을 '장애인 차별철폐의 날'로 기억해 달라고 호소한다. 이 경우 '차별'은 장애인과 비장애인 간에, 그리고 성공한 소수의장애인과 그렇지 않은 대부분 장애인 간의 차별화로 중층적으로 얽혀 있다.

---

94) 오강남(2011)은 「종교, 이제는 깨달음이다」의 서문에서 이렇게 말하고 있다. "이처럼 깨달음을 통해서 내 속에 신적 요소를 지니고 있다는 사실에 눈뜨라고 말하는 심층종교에 접하게 되면 무엇보다 나 스스로가 의연하고 늠름한 자유인의 삶을 살 수 있고, 또 내 이웃도 함께 신적요소를 지니고 있다는 일체감에서 그들을 하늘 모시듯 하는 사랑과 자비의 마음을 가지게 된다. 이것이 종교가 줄 수 있는 참된 은복이 아니겠는가?"(오강남, 성해영 대담집 서문 중에서)

특수교육은 장애학생의 특별한(독특한) 교육적 요구(needs)를 충족시켜 주기 위해 고안(考案)된 교육이다. 여기서 '특별한 교육적 요구'라고 할 때, 이 '특별한' 것(speciality)이 진정 의미하는 바가 무엇인가? 그리고 특수교육은 장애학생의 '교육요구 충족'을 위해 무엇을 어떻게 해야 할 것인가? 이를테면 청각장애 학생의 '특별한' 요구는 듣지 못하는 것에 따른 것일 뿐 그 외의 것은 다른 모든 학생과 똑 같다. 그래서 농(deafness)은 듣는 데에 따른 어려움 외에는 전혀 장애(disability)가 아니다. 그러나 청각장애교육에서는 '듣지 못함'을 곧 장애(disabilities)로 규정하여, 농인(the deaf)은 장애인(the handicapped)으로 분류 · 명명된다. 그래서 소위 'Audism'에 입각한 농교육과 'Deafhood'[95]에서 본 농교육은 하늘과 땅처럼 다르다. 인공와우이식수술에 대한 찬반 논쟁은 이를 잘 반영하고 있다. CI에 대한 찬반 논쟁은 내가 보기에 바로 청세계(hearing world)와 농세계(deaf world) 간의 주도권(主導權) 싸움이다. 힘의 균형에서 승패는 뻔하다. 그래서 농인(Deafhood/Deaf world)의 입장에서 CI는 다수에 의한 소수의 지배를 정당화하는 신식민주의(neo-colonialism)로 비판된다.

장애학(disability studies) 내에서도 농학(deaf studies)은 또 하나의 특별한 요구와 성격을 반영하는 특수한 '모자이크'다. 달리 말하면, 그만큼 '농학'의 담론은 장애학의 담론을 풍부하게 해줄뿐더러, 그 담론을 쟁점화하는 데에 많은 기여를 하고 있다. 오늘날 특수교육 속에서 농교육은 하나의 마이너리티 교육으로 전락해 버린 형국이지만, 기실은 특수교육 내부에서 가장 특별한

95) 장진석(2012)은 'Deafhood'를 '인간으로서의 농인'으로 풀어 옮겼으며, 필자는 '농다움'으로 옮긴 적이 있으나 별로 마뜩찮다.

전문성(professionalism)을 요할 뿐만 아니라, 풍부한 쟁점 혹은 담론을 생성해 준다. 해서 필자가 보기에 특수교육 분야에서 농교육은 여전히 매력 있는 공부 주제다.

특수교육과 심층종교의 내적 연관성: 교육-마음-종교

교육은 결국 마음의 문제로 귀결된다. 거꾸로 '심성함양'에 연관되지 못하는 교육은 어떤 경우에나 교육의 반열에 들지 못한다. 어쩌면 우리는 교육이라는 이름으로 사람을 사육(飼育)하거나 반복적으로 훈련(訓練; training)하는 일에 우리도 모르는 사이에 길들여진지도 모른다. 프레이리(P. Fraire)는 재배되는 것은 식물이고 훈련(사육)되는 것은 동물인 반면에, 인간은 스스로를 교육하는 존재로 규정했다. 때문에 프레이리에 의하면, 교육만이 희망의 근거다. 특수교육은 그 희망의 마지막 증거이어야 한다. 우리는 희망의 특수교육을 입증하기 위해 그 교육이 으뜸되는 교육(즉, 종교)과 쌍방 소통되도록 하지 않으면 안 된다. 특수교육은 개인이 지닌 '장애'의 심각성에 상응하여 때로는 보육(caring) 위주로 때로는 훈련(training) 위주로 착각 혹은 비하되기도 하지만, 그것은 어디까지나 교육(educating)을 향한 중간 단계의 불가피한 방편(方便)으로 원용되는 것이지 그 자체가 목적은 아니다.

특수교육에서 아동 관리(caring)와 교육(educating)은 양립 가능한가, 불가능한가? 필자가 보기에 개념적으로 그것은 결코 양립할 수 없는 것이지만, 현상적(실천적)으로는 다소간에 양립할 수밖에 없다. 즉, 개념적으로 caring은 신체적 보호나 관리를 의미하지만, '교육'은 심성함양을 의미한다. 그러나 특수교육 현장에서는 때로 중증장애아동의 경우 아동보호나 관리가 일차적으로 시급하고 절실하기에 교육은 뒷전으로 밀리기 십상이다. 그렇다고 그것이 특수교육인 한에서 아동의 보호적 관리나 의료적 처치가 교육을 포기하는 빌미가 되어서는 결코 안 된다. 아니 현실적으로 특수학교에서 아동보호나 치료적 지원을 하는 동안에라도 '교육'의 끈을 결코 놓치지 말아야 '학교'라 할 수 있다. 왜냐하면 그런 활동은 교육을 지원하기 위한 방편이지 그 자체가 목적이 아니기 때문이다.

인간교육의 무한한 가능성은 누구에게나 열려 있다. 공자는 '유교무류'(有敎無類)라 하여 인간교육의 가능성을 확신하였다. 다만 그 가능성이 좀 더 쉽게 열리는 아동이 있는가 하면, 상대적으로 장애아동은 그게 더디고 힘겹게 열릴 뿐이다. 즉, 그 가능성은 누구에게나 평등할뿐더러 본질적으로 다르지 않다. 그래서 특수교육에서는 무엇보다 장애아동의 교육가능성에 대한 불퇴전의 믿음이 전제되어야 한다. 「중용」 첫 머리에 커다랗게 내건 '천명지성'(天命之性)의 '성'(性)은 모든 인간에게 품부된 '본래성'(本來性; human nature)이자 그것은 하늘의 지엄한 명령(天命)으로서의 성명(性命)이다.

공자는 스스로 나이 50줄에 '지천명'(知天命)이라 하여, 하늘의 명령인 본래성이 시키는 대로 살고자 했다. 다석(多夕) 류영모 선생은 「중용」의 '천명지위성'(天命之謂性)을 하늘 뚫린 줄(命)의 바탈(性)이라 하고, '솔성지위도'(率性之謂道)를 바탈 타고난 대로 사는 길(道)이라고 했다. 그는 '천명지위성'을 압축하면 '중'(中)이요, '솔성지위도'를 요약하면 '용'(庸)이라 하여, 「중용」의 가르침은 '줄곧 뚫린 사람'의 삶이라 했다. 그 삶을 한마디로 표현하면 '성'(誠)이다. 그에 의하면, '성'(誠)은 '참'이고, '지성'(至誠)은 곧 하느님(天道)이다. 그래서 「중용」에서는 '지성'(至誠)은 곧 신(神)이고(至誠如神), 쉼이 없는 경지(至誠無息)라 했다. 다석 선생의 '중용' 해석이 참 신선하다. 이어 다석은 '수도지위교'(修道之謂教)를 "디디는(修) 길 사모칠(之) 것을 일러 가르치는 것"이라 했다. 해서 도(道)라는 것은 잠시도 나를 떠날 수 없는 것(不可離)이며, 만일 떠날 수 있는 것이라면 그것은 이미 도가 아니다(可離非道). 「중용」에서 '신독'(愼獨)의 삶을 그처럼 중시하는 것도 이런 맥락에서 이해되어야 한다.

다석의 중용 강의를 풀이한 박영호(2010)는 위의 솔성(率性)과 수도(修道)는 둘이 아니라 하나라면서, 얼나(靈我) 쪽에서 보면 문득 깨달음(頓悟)이요 몸나 쪽에서 보면 차차 익힘(漸修)인 것과 같다고 했다. 그리고 마음의 나가 얼나의 영광을 머리에 받드는 것이 솔성(率性)이라면, 마음의 나가 몸나의 욕망을 밟아 누르는 것이 수도(修道)라고 했다. 그래서 이 솔성(率性)과 수도(修道)를 이웃(다른) 사람들에게 사무치게 가르치는 것이 교육이라는 것이다. 그리고 이 수도(修道)에서 자수(自修)가 곧 타교(他教)로 이어진다면서, 공자 · 석가 · 예수의 삶이 그대로 사도(師道)를 보여준 위대한 교육자라는 것이다. 때문에 교육의 철칙은 언제나 자수(自修)가 있고서야 타교(他教)가 따른다.

우리가 특수교육을 종교와 맞닿아 만나는 경지로 끌어올리기 위해 특히 다음의 두 측면에 유의할 필요가 있다. 그 하나는 이미 위에서 시사한 대로 하늘의 명령으로 품부(稟賦)된 '바탈'로서의 성(性)은 본래 모든 인간에게 씨앗처럼 내장(內藏)되어 있으므로 우리가 구하면 그 성(性)을 얻고 버리면(放心하면) 잃게 된다. 문제는 우리가 어떻게 하면 그 성(性)을 회복하거나 함양

(확충)할지언정 그것을 잃어버리지(失性) 않게 할 것인가? 맹자(孟子)는 우리 인간이 하늘의 명령으로 타고난 성(性)을 어느 경우에는 잃어버리고 어느 경우에는 회복하는가를 '송인알묘'(宋人揠苗)의 비유로 잘 제시해 주고 있다. 즉, 송나라의 어떤 사람이 자기 논의 모가 잘 자라지 않는 것을 속상해 하다가 어느 날 그 싹을 길어 보이도록 잡아당기고는 집에 와서 자신이 싹을 자라도록 도와주고 왔다고 했다. 그 말을 들은 아들이 벼논에 나가 보니 벼 싹은 이미 다 말라죽어 있더라는 것이다.

이 이야기의 마지막 부분에서 맹자는 "자기에게 이익이 되지 않는다고 벼의 싹을 김매지 않고 내버려두는 것과 잘 자라도록 만들겠다고 억지로 벼의 싹을 뽑는 것은 모두 성(性)을 해치는 일"이라고 경고했다. 이것은 바로 오늘날 우리 특수교육에 대한 경고일 수 있다. 특수교육에서 '장애'(disabilities)를 빌미로 교육함을 포기하는 일이나 무리하게 장애를 교정하여 교육력을 과시하려는 것은 모두가 천명(天命)인 성명(性命)을 어기는 일이다. 맹자의 입장에서 위의 두 가지 행위는 상반된 것처럼 보이지만 어떤 행위의 실행 여부를 오직 자신에게 돌아올 현실적 이익을 기준으로 삼아 결정한다는 점에서 똑같이 그릇된 것이다. 맹자는 목전의 이익을 앞세워서 하는 일은 어떤 것이든지 성(性)을 잃어버리게 하는 것이라고 경고한다. 교육은 타고난 성(性)을 회복하고 닦는 과정에 다름 아니다.

원효(元曉)는 「대승기신론」(大乘起信論)의 가르침을 '일심이문'(一心二門)으로 요약한 바 있다. 원래 우리의 마음은 하나인데, 이 하나의 마음이 때로는 심생멸문(心生滅門)을 들락거리는가 하면, 때로는 심진여문(心眞如門)을 기웃거린다. 어느 문으로 들어가서 어디로 나오든지 간에 본래 그 마음은 하나이므로 기신론에서는 '이문불이'(二門不二)라고 했다. 이를테면 거울에 온갖 때와 먼지가 끼어 거울이 아무 것도 비춰주지 못할망정 원래 투명한 거울 자체의 본성이 달라진 것은 아니다. 그래서 원효는 이 '하나가 된 마음'(一心)의 끈을 놓치지 말 것을 시종일관 강조했다. 이 끈에 매달리는 일체의 교육행위를 필자는 '심성함양' 혹은 '본성회복'으로 규정한다.

다른 하나는 교육에서 가르침의 열쇠는 결국 교사의 손에 쥐어져 있다는 사실이다. 앞에서 '수도지위교'(修道之謂敎)의 수도(修道)에서 자수(自修)가 곧 타교(他敎)라 했다. 모든 나무는 타는 성질을 가지고 있지만 누군가 불을 붙여주어야 한다. 특수교육에서 장애학생에게 배움의 불을 댕겨주기 위해서는 교사에 의한 가르침의 지극한(사무치는) 정성(至誠)이 뒷받침되지 않으면 안 된다. 「중용」 22장에서는 "지극한 정성에 이른 자만이 스스로 타고난 性을 발현할 수 있고, 자기의 性을 모두 발휘할 수 있는 자만이 다른 사람의 性을 발현할 수 있다."고 했다. 이어 「중용」(23장)에는 '지성능화'(至誠能化)라고 하여 지성이래야 다른 사람을 감화(感化)할 수 있다고 했다. 이처럼 교육에서는 원칙적으로 교사의 지성(至誠)이 있고서야 학생에게 감화가 일어난다. 이 지난(至難)한 일을 특수교사는 감당할 수 있어야 한다.

특수교사의 위대한 전범(典範)을 우리는 붓다의 가르침에서 확인 할 수 있다. 붓다의 제자 중에 출라판타카라(周利槃特)라는 심한 지적장애(intellectual disabilities)가 있었는데, 붓다는 여러 제자들에게 그의 교육을 당부하였으나, 너무 바보여서 그를 가르칠 수 없다고 모두가 포기했다. 이를 본 붓다가 그를 불러 "마당을 쓸고 방을 닦는 일을 할 수 있느냐?"면서, 너는 앞으로 마당을 쓸고 방을 닦으며 "먼지를 털고 때를 닦아라"면서 늘 외거라 했다. 그러나 출라판타카라는 이 간단한 글귀도 외지 못했다.

그 후 붓다는 제자들을 모아놓고 출라판타카라를 만날 때마다 '먼지를 털고 때를 닦아라'고 하는 말을 해주도록 했다. 그는 매일 먼지를 털고 때를 닦는 일을 하면서 이 말을 외어 마침내 이것을 꿰뚫어 알게 되었다. 이렇게 출라판타카라는 매일 청소를 하듯이 마음을 닦아 마침내 깨달음을 얻었다는 것이다. 이것은 모두가 포기한 지적장애인에게까지 붓다는 자상하게 깨달음으로 인도 했다는 실화이다. 즉, 이것은 인류의 위대한 교사로서 붓다가 지적장애인에게 '희망의 특수교육'을 입증해 준 생생한 사례이자 특수교육을 종교의 차원으로 끌어 올린 하나의 전범(典範)이다.

특수교육은 기능적 반복훈련이나 치료적 교정이 아니다. 특수교육은 장애아동의 '본성회복' 혹은 '심성함양'에 연관되는 한에서 교육의 반열에 든다. 그래서 특수교육은 본질적으로 으뜸 되는 가르침인 종교와 만나야 한다. 그래야 특수교육은 '교육 중의 교육'임을 입증할 수 있다. 필자는 단언한다. (특수)교육은 '인간 행동의 계획적 변화'(정범모, 1968)라기 보다는 신비롭기 짝이 없는 영혼(영성)의 열림(깨침)이다. 이 깨침의 희망을 담보해주는 것이 기신론에 의하면, '본래적 깨달음'(즉, 本覺)이다. 인간 존재의 고향인 본각(本覺)은 타향살이(즉, 不覺)에 지친 집 나간 자식으로 하여금 귀향길에 오르려는 마음을 일으키게 하려고 수시로 고향소식을 전한다. 원효는 이 고향에서 온 초대장을 '본각(本覺)의 불가사이 한 훈습(薰習)'(박태원, 2012)이라 불렀다.[96]

---

96) 박태원(2012)은 인간 실존을 깨닫지 못함(不覺)과 깨달음(本覺/始覺)이 함께 동거하는 양면성을 지닌 존재로 규정했다.
"인간 실존은 '깨닫지 못함'과 '깨달음'이 동시에 동거하고 있는 것이며, 이 상반된 동거자들 중에 어느 쪽으로 힘을 실어갈 것인가 하는 선택의 문제에 직면하고 있는 것이 인생이다."(박태원, 2012, p.91)

이것이 삶의 여정에서 희망의 근거이자 교육가능성의 원천이다. 그래서 인간 존재의 신비는 곧 교육의 신비로 이어진다. '신비성'은 곧 인간의 보편성이자 내면성이다.

맺음: 한국특수교육론의 실재를 위해

위의 논의에서 확인할 수 있는 것처럼 '교육과 종교의 만남'에 대한 이론적 뿌리는 동아시아문명론의 전통 속에 이미 면면히 이어져 왔다. 다만 지금에 와서 우리가 그 전통을 외면했거나 아니면 우리도 모르는 사이에 '오리엔탈리즘'의 주술에 걸려들었는지도 모른다. 지금은 한국특수교육 담론을 우리 스스로의 전통과 목소리로 적극 구성해 가야 할 때이다. 이를테면, 미국으로부터 건너온 기독교(프로테스탄티즘)가 우리에게 '기독교의 한국'이 되어야 하는지 '한국의 기독교'이어야 하는지를 심각히 되물어 봐야한다. 이런 측면에서 필자는 유 · 불 · 도 삼교(三敎)의 토양 위에 기독교를 토착화하는 데에 헌신한 류영모(柳永模; 1890-1981) 선생의 삶에 주목한다. 그리고 불교와 기독교의 회통(會通)에 의해 심층종교론을 정립한 길희성(2004)과 오강남(2006, 2011), 그리고 Knitter(2012)의 담론에 주목한다.

이런 담론의 토양과 성과 위에 심층종교와 특수교육의 만남으로서 한국특수교육론의 실재(實在; reality)를 구축하자는 것이 본 논의의 본래 의도다. 여기에 보탬을 주는 공부가 이어지기를 고대한다.

참고문헌

길희성 (2006). **지눌의 선사상**. 서울: 소나무.

길희성 (2004). **보살예수: 불교와 그리스도교의 창조적 만남**. 서울: 현암사.

김병하 (2012). **특수교육 담론 · 에세이**. 경북: 한국특수교육문제연구소.

김병하 (2011). **한국특수교육론: 우리나라 특수교육(학)의 정체성**. 경북: 대구대학교 출판부.

김병하 (2007). **대구특수교육사**. 경북: 대구대학교 출판부.

김병하 (2002). **특수교육의 역사와 철학**. 경북: 대구대학교 출판부.

김세윤 역 (1997). **조선후기 유교와 천주교의 대립**. 서울: 일조각.

김용옥 (2012). **사랑하지 말자**. 서울: 통나무.

김용옥 (2011). **중용: 인간의 맛**. 서울: 통나무.

김용옥 (2007). **요한복음강해**. 서울: 통나무.

김용옥 (2004). **동경대전**. 서울: 통나무.

김용옥 (1999). **금강경강해**. 서울: 통나무.

김원명 (2004). "원효의 일심사상". 한국불교원전연구회(편). **인물로 보는 한국의 불교사상**. 서울: 예문서원, 98-122.

김원중 옮김 (2007). **삼국유사**. 서울: 민음사.

김충열 (2007). 김충열 교수의 **중용 · 대학강의**. 서울: 예문서원.

김충열 (1998). **한국유학사(1)**. 서울: 예문서원.

김훈 (2011). **흑산(黑山)**. 서울: 학고재.

류동식 (1997). **풍류도와 한국의 종교사상**. 서울: 연세대학교 출판부.

류영모, 박영호 (2010). **공자가 사랑한 하느님**. 서울: 교양인.

박노자 (2011). **붓다를 죽인 부처**. 서울: 인물과 사상사.

박성배 (2009). **한국사상과 불교**. 서울: 혜안.

박성배 (2002). **깨침과 깨달음**. 서울: 예문서원.

박영인 옮김 (2012). **공자왈 vs 예수 가라사대**. 서울: 지와 사랑.

박영호 (2012). **죽음공부: 다석사상으로 읽는 삶과 죽음의 철학**. 서울: 교양인.

박종홍 (1972, 1999). **한국사상사**. 서울: 서문당.

박태원 (2012). "원효 화쟁사상의 보편 원리". **네이브 블로그**.

박태원 (2012). **원효: 하나로 만나는 길을 열다**. 서울: 한길사.

백낙준 (1973). **한국개신교사.** 서울: 연세대학교 출판부.
서인석 (1979). **성서의 가난한 사람들.** 경북: 분도출판사.
손봉호, 조성표 편저 (2012). **한국 사회의 발전과 기독교.** 서울: 예영커뮤니케이션.
심우섭 옮김 (2008). **공자 노자 석가.** 서울: 도서출판 동아시아.
안병즙 (1974). "한국특수교육의 발달과정에 관한 일연구" (미간행). 대구대학교 대학원 석사학위논문.
안태윤 (1968). "한국특수교육의 발전과정에 대한 연구." **한국사회사업대학 논문집 1집.**
오강남 (2012). **종교란 무엇인가.** 서울: 김영사.
오강남 (2011). **종교, 심층을 보다.** 서울: 현암사.
오강남 (2009). **또 다른 예수.** 서울: 예담.
오강남 (2006). **불교, 이웃종교로 읽다.** 서울: 현암사.
오강남, 성해영 (2011). **종교, 이제는 깨달음이다.** 서울: 북성제.
우룡 (2010). **정성 성(誠)이 부처입니다.** 서울: 도서출판 효림.
유홍렬 (1962). **한국천주교회사.** 서울: 가톨릭출판사.
윤경로 (2011). "한국 근현대사의 전개와 한국 기독교 수용의 특징과 의의". **한국사회의 발전과 기독교.** 서울: 예영커뮤니케이션, 32-61.
이광린 (1979). "개화기 관서지방과 개신교". **한국개화사상연구.** 서울: 일조각. 239-254.
이만규 (1946, 2010). **조선교육사.** 서울: 도서출판 살림터.
이홍우 (2006). **대승기신론통석.** 서울: 김영사.
이홍우 (2000). **성리학의 교육이론.** 서울: 성경제.
인천성동학교 (1995). **인천성동학교 40년사.** 인천성동학교.
임안수 (2005). 근대 한국특수교육의 기원 연대에 관한 연구. **특수교육저널: 이론과 실천,** 6(3), 293-309.
이형성 (2010). **현상윤의 조선사상사.** 서울: 심산출판사.
장병욱 (1979). **한국감리교여성사.** 서울: 성광문화사.
정대위 (1986). **그리스도교와 동양인의 세계.** 서울: 한국신학연구소.
정범모 (1968). **교육과 교육학.** 서울: 배영사.
정창권 (2011). **역사 속 장애인은 어떻게 살았을까.** 서울: 글항아리.
정창권 (2005). **세상에 버릴 사람은 아무도 없다.** 서울: 문학동네.
조동일 (2012). **학문론.** 서울: 지식산업사.

조동일 (2010). **동아시아문명론.** 서울: 지식산업사.

주재용, 연규홍 옮김 (2004). **프로테스탄트 교회의 역사와 신학.** 서울: 한신대학교 출판부.

최상한 (2012). **불국사에서 만난 예수.** 서울: 돌베개.

한완상 (2012). **바보예수.** 서울: 삼인.

한완상 (2008). **예수 없는 예수교회.** 서울: 김영사.

현상윤 (1948, 1982). **조선유학사.** 서울: 현암사.

홍이섭 (1984). "한국에 있어 프로테스탄티즘을 매개로 한 아메리카문화의 영향". 고려대아시아문제연구소 편(1984). **한국문화에 미친 미국문화의 영향.** 서울: 현암사, 56-75.

Bloom, B. (1984). "The 2 sigma problem: The search for methods of group instruction as effective as one-to-one tutoring." *Educational Researcher, 13*(6), 4-16.

Caley, D. (2005). *The rivers north of the future: Ivan Illich.* 이한, 서범석 옮김, 박홍규 감수 (2009). **이반 일리히의 유언.** 서울: 이파르.

Dillenberger, J., and Welch, C. (1988). *Protestant Christianity.* New York: Prentice Hall Co..

Hall, S. (1978). W*ith Stethoscope in Asia: Korea,* McLean, VA: MCL Associates.

Knitter, Paul F. (2009). *Without Buddha I could not be a Christian.* 정경일, 이창엽 옮김 (2012). **붓다 없이 나는 그리스도인일 수 없었다.** 서울: 클리어마인드.

Paik, L. Geprge. (1927). *The History of Protestant Mission in Korea,* 1832-1910. Pyonyang: Union Christian College Press.

Palmer, P. J. (1998). The Courage to Teaching. 이종인, 이은정 옮김 (2009). **가르칠 수 있는 용기.** 서울: 한문화.

Walberg, H. (1984). "Improving the productivity of America's Schools." *Educatioal Leadership, 41*(8), 19-30.

Woman's Foreign Missionary Society (1938). *Fifty Years of Light.* Seoul, Korea: YMCA Press.

색인

(사)

(아)

(자)